わたしの旅ブックス
025

まだ見ぬあの地へ
旅すること、書くこと、生きること

近藤雄生

産業編集センター

はじめに

二〇〇三年六月、まだ二六歳だったとき、ぼくは、三カ月前に結婚したばかりの妻とともに、日本を離れました。

終わりのない旅がしたい。そんな気持ちがぼくと妻の両方にあり、それを実現しようとしての旅立ちでした。当時はまだスマホやSNSはもとより、「ブログ」という言葉すらも一般的ではない時代です。それでも、インターネットや携帯電話が広まり出してからは五年以上が経っていて、それらを駆使すれば、海外で旅をしながら働いて生きていくのも可能なのでは、と思えるようにはなっていました。

ぼくはその数年前、大学の学部生だったころから、文章を書いて生きていきたいと思うようになり、どうすれば実現できるかを考えていました。とはいえ自分は、文章を書くのが得意だったわけではなく、勝負できそうな特定の分野があったわけでもありません。そのため、学生を終えたあとに、いきなりライターとして仕事を得て食べていくことは想像できなかったのですが、旅をしながらであれば、もしかしたら可能かもしれないという気持ちがありました。というのは、東南アジアなどであれば、生活費は安く、一〇〇万円もあれば無収入でも数年は暮らせるだろうし、さらに当時、海外から現地のことを日本のメディアに書いているライターは、私の知る限りでは、多くはなさそうでした。異国に滞在しながら取材して記事を書くという道は、自分にとって日本でライターを志すよりもずっと可能性があるように思えたのです。

数年間海外で生活できる資金をもって、旅をしながら、見よう見まねで取材して文章を書いてみる。そうして、金が尽きる前にライターとして自立できるかやってみよう。もしうまく行かなければ、先のことはそのときに考えればいい。そんな生き方もありうるのではないか。そう、ぼくは考えるようになりました。

思い通りには進まず、数年で夢破れて帰国するという可能性が高いだろうと思いましたが、それでもとにかく、そんな生活が数年できたら楽しいに違いないし、思い切ってやってみることにしたのでした。自分は決して、周囲を気にせずに我が道を突き進めるような大胆なタイプではありません。が、高校時代からの悩みだった吃音のため、就職して組織で働くということを前向きに考えられなかったのと、長く付き合っていた彼女もまた旅が好きで、ともにそのような旅に出たいという気持ちが強かったことが、動き出すための大きな後押しとなりました。

二〇〇二年に大学院の修士課程を修了したころには、その計画の実現のために真剣に資金を貯め始めました。また、旅立つ前に少しでもライターとしての経験を積んでおくべく、取材して書くということを自分なりに始めました。そうしてなんとか出発できる状態にして、旅立ちの日程を決めてから結婚し、二人で日本を発ったのでした。

まずはオーストラリアへと飛んで、その南西端付近にあるバンバリーという海辺の町へ行きました。そこで半年ほど、イルカに関わるボランティアをして過ごします。その後、オンボロのバンを買ってオーストラリア大陸を縦断し、今度はそのすぐ北に位置する東ティモールから、約七カ月かけて東南アジアを北上して中国まで行きました。中国では、雲南省の昆明に、中国語を学びながら一年ほど滞在した後、上海に移って一年半ほど仕事中心の生活を送ります。妻は上海で現地の会社に就職し、ぼくはようやくそのころ、ライターとしてそれなりに仕事を得られるようになりました。そうして中国で計二年半の定住生活を送ったあと、さらに八カ月ほどのユーラシア大陸横断の旅を経て、ヨーロッパに着きました。

移動しては、しばらく一カ所に定住する、そしてまた移動、というスタイルを繰り返していると、数年と思っていた旅はいつしか五年を越えました。その間に、ライターとして生活をするという目標は、ある程度は実現でき、さらに驚くべきことには、ずっと悩みだった吃音が、中国滞在中に軽くなり出し、その後徐々に改善に向かったのでした。

日本を出たころは、そのような旅生活をいつまでも続けたいと思っていました。しかし五年が過ぎたころには、さまざまな思いが重なって、日本に帰るという選択肢が一番新鮮に思えるようになっていました。

そして二〇〇八年一〇月、ヨーロッパからアフリカへと足を延ばしたのち、ついに旅を終えて帰国しました。

帰国当初は、日本で生活していけるのかという不安が少なからずありましたが、妻の故郷である京都に住むことを決め、二人で働きながら毎日を積み重ねていくと、なんとか生活を軌道に乗せることができました。その後二人の娘が生まれ、二人ともがすでに小学生になったいま、ぼくたちの生活は、旅中とは全く違う、落ち着いた定住生活になっています。

旅を終えた後もぼくは文章を書き続け、帰国から一〇年以上が経つ現在までに、複数の自著を出版する機会に恵まれました。その中に、ぼくと妻の長い旅について書いた『遊牧夫婦』というシリーズ（ミシマ社刊、全三巻。第一巻のみ、改稿して角川文庫へ）があるのですが、シリーズ最終巻にあたる『終わりなき旅の終わり　さらば、遊牧夫婦』を刊行した翌年の二〇一四年六月より、ミシマ社のウェブ雑誌「みんなのミシマガジン」にて「遊牧夫婦こぼれ話。」という、旅にまつわるエッセイの連載を始めました。

長い旅を終えて日本で生活をするようになった中で、あの旅は、自分にどのように息づいているのか。そんなことを考えつつ、旅と生活が交差する点を意識して、月に一度のペースで約三年、連載を続けました。そして書き進めるほどに、いかに自分が、その後もずっとあの旅の日々に影響を受け続けているかに気づかされていきました。ふとした拍子に蘇る匂いや光、不意に思い出し背中を押してくれる誰かの言葉。先が見えない日々への憧れや、有限なものに対する愛着の念……。旅する中で、意識はせずとも吸収し身につけていったさまざまな感覚や思いは、旅を終え、新たな日常を生きていくうちに、より輪郭を露わにし、はっきりとしたものへと変化していきました。そして改めて感じたのです。旅は決して、帰ったら終わりではない。ずっと、その人の中で生き続け、人生を少なからず動かしていくものなのだと。

そのような確信が深まるうちに、自分が書いたエッセイにも、他の人たちに何かを感じてもらえる要素があるのかもしれないと思うようになりました。そしていつか、それらのエッセイを一冊にまとめられればと考えてきた末にでき上がったのが、この本なのです。

本書には、その連載の中でも、時間の経過に耐えうると思ったものだけを収めてあります（第一部の「旅の生産性」と第三部の「先の見えない素晴らしさ」のみ、他の連載のものです）。それらを、時系列にはこだわらず、テーマごとに分類し、全体を三つのパートに分けました。自分たちの五年の旅を振り返るものから始まって（第一部　あの日がいまを作っている）、文章を書くことや過去の自分についてのもの（第二部　自分にとっての書くということ）、そして最後には、より人の内面にかかわるものや未来へとつながるものを集めました（第三部　旅することと生きること）。さらに各パートの末尾には、同時期に書いた他の紀行文を、間に挟む形で入れてあります（いずれも二〇一四年に、航空・空港関連の情報誌「KIX ITM MAGAZINE」（新関西国際空港株式会社発行）で連載していた海外紀行文の執筆のために訪れた地での経験を書いたものです）。こちらも併せて楽しんでいただければ幸いです。また、一冊の本として違和感なく読めるものにするために、必要に応じて、初掲時の文章に加筆修正や補足を加えたことも付記しておきます。

本書を作るにあたってそれぞれの文章を久々に読み直すと、各篇ともに、そのときどきの自分自身の素直な思いが込められていることを改めて感じました。これらの文章の中に、何かしら、読者の方々の心に残る部分があることを願っています。

まだ見ぬあの地へ旅すること、書くこと、生きること
目次

第二部 自分にとっての書くということ

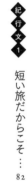

第三部　旅することと生きること

［表紙カバー写真］近藤素子　［本文写真］近藤雄生

第一部

あの日がいまを作っている

赤面モノ、思い出の手紙

先日ふと思い立ち、過去の旅に関するものをしまってある大きな箱を、久しぶりに開けました。

中には主に、旅先から日本の実家に送った取材資料などが入っていますが、奥に、見覚えのある厚手の紙袋がありました。中を覗くと、白地に赤と青の縞模様が入ったエアメールの封筒が何十通も詰まっています。いまから一七年前の一九九七年、まだ出会って間もなかった現在の妻・モトコが送ってくれた手紙でした。

ぼくがモトコと出会ったのは、初めての一人旅でオーストラリアを訪れた、大学一年の春休みのことです。その旅の途中、留学中だった友だちを訪ねて首都キャンベラに行ったところ、同じ大学に留学中だった彼女と知り合ったのでした。そして意気投合し、お互いその後も関係を保っていきたいと思うようになり、ぼくが日本に帰った後、東京―キャンベラ間で頻繁に連絡を取り合う日々が始まりました。

当時はまだスマホはおろか、インターネットすら、大学の情報棟に行って使うような時代です。海外へ連絡するのは、手段の上でもコストの上でも簡単ではありませんでした。そんな中、ぼくが連日、電話、手紙、メール、そしてファックスまで駆使して、明らかに高頻度すぎる連絡を重ねたところ、最初は喜んでくれていたものの、次第に執拗に感じたのでしょう、彼女は徐々に距離を取り始めるようになりました。

そして数カ月もしたころには、はっきりと拒絶の意思を示されます。もう連絡をやめてほしい、と。しかしそこでぼくは、かなりの粘りを発揮します。話し合うためにオーストラリアまで行き、追い返されるように帰国しながらも、わずかに見えた可能性に賭けてまたすぐにオーストラリアに戻るなど、熱烈すぎる行動に。いまなら確実に危ない人だと認定されてしまいそうですが、その結果、なんとか彼女の気持ちを取り戻すに至ったのでした。

オーストラリアでのそんな顚末をいま振り返ると、自分はほとんど一方的に追う側だった印象です。いや、実際そうだったのですが、しかし今回、箱の中から出てきた当時の手紙の束を見て、最初のころはそうばかりでもなかったことに気づかされました。モトコもかなりの量の手紙を、日々送ってくれていたのです。

一通一通封筒を開き、中を見ると、紙の種類や手触り、日によって違う文字の形など、デジタルデータからは流れ落ちる細かな感情のひだや記憶が、それぞれに染みついていました。そして、二一歳だった彼女の、出会ってまもないころならではの言葉を読み返していると、一つ、「あ!」と驚かされる部分がありました。それはモトコが、一年弱の留学生活が後半戦へと向かう中、その後の生き方について思い悩みつつ書いたらしいくだりです。

《日本に帰って、就職活動して卒論書いて卒業して働いて》というコースが視界に入り始めていること、その時期を実際に迎えるにあたって不安を感じるようになっていること。はたして自分はうまくその流れに乗れるのだろうか、いや、そもそも自分はそうやって生きていきたいのだろうか……。行間からはそんな気持ちが読みとれます。《日本から離れて自分の進んできた道を思い返してみると、本当にレールの上を歩いてきたってのが見える》ともありました。

二一歳で初めて家を離れ、長期間海外で暮らすことによって見えてきた彼女なりの迷いや葛藤、どうすればいいのかはわからないけれどなんとか自分なりの道を進みたいと考えている気持ちが透けて見えます。そして、そんな文脈の中、彼女はこう書いていたのです。《二人で外国でずっと色んな事をして過ごせたら本当に幸せなのになって思う。でも、そんな事は今は実現不可能っていうのはわかってる》

大学卒業後に長期の旅に出るなどという生き方は、このころのぼくには、頭の片隅にすらありませんでした。理系の道を進んで、エンジニアになるのか、研究者になるのか、はたまた叶うなら宇宙飛行士に――、という夢のようなことも考えていた時代です。モトコのこんな言葉を読んでも、きっとぼくは何も現実とは結びつけていなかったはずです。

だから、当時から彼女にこんな気持ちがあったという記憶はなく、読み返してとても驚いたのでした。モトコに言うと、彼女も笑って言いました。「私そんなこと思ってたのか……」と。

一方、モトコの文面から推測するに、ぼくはその後の生き方についてむしろかなり保守的なことを考えていたようでした。なんと、奥さんは専業主婦がいい的なことを言っていたらしく、それに対してモトコが遠慮がちに反論しています。内容も文面もあまりにも初々しくて赤面モノで、一七年という時間がいかなるものかをこの文章が如実に示しているのでした。

この手紙からちょうど六年後、まさかモトコのこの言葉を実現するような長い旅が始まるとは、このときは二人とも想像すらしていませんでした。『終わりなき旅の終わり』のあとがきに、この旅はモトコが引っぱっていったようなものだと書きましたが、出会ったころからすでにそうだったのだと、この手紙を読んで気づかされました。そして、彼女がこのころからずっと首尾一貫し、一方で自分は、大きく考え方を変えたらしいことも。

人は一八〇度だって変わりうるし、先行きも全くわかりません。だから人生は面白い。

いつまでも、先行きの見えない人生のままでいたいといまも強く思っています。

(2014・8)

はじまりの場所へもう一度

二〇一五年二月、オーストラリア南西端近くの海辺の町、バンバリーを訪れました。それはぼくとモトコが、長い旅の初めのころ、二〇〇三年から〇四年にかけて半年ほど暮らし、イルカに関わるボランティアをしていた町です。いつか再訪したいと思いつつもなかなか叶わないままだったのですが、一〇年以上が経ったいま、五歳と一歳の娘も連れて、ようやく実現させることができました。

バンバリーは、西オーストラリア州の州都パースから南に一八〇キロほどのところにあります。パースで友人に車を借り、気持ちを高ぶらせながら南へと走らせると、フリーウェイ（高速道路）の左右には、オーストラリアらしい赤土の大地や牛たちが静かに草を食む光景が広がっていて、走るほどに懐かしさがこみ上げてきました。

約二時間後、フリーウェイを降り、大きなラウンドアバウト（環状交差点）を半周してまっすぐ進むと、すぐによく知る風景が見えてきました。道路の脇の緑の芝生。幹がつるりとしたユーカリの木々。毎日のように通ったショッピングモール。そしてその先には、当時から目印だったモグラが上を向いたような形のバンバリータワーが、おそらくいまも町で一番高い建物として、あのころと全く同じ姿のまま、建っていました。

さらに自分たちの生活圏だったエリアまで一気に行くと、思わず何度もブレーキを踏んで周囲を見回してしまうほど、さまざまな記憶が蘇ってきたのでした。

最初にバンバリーに着いたとき、この辺でバスを降りて、宿までの道を尋ねたんだった。ビーチでのボランティアを終えたらいつもこの道を歩いてショッピングセンターまで買い物にきたなあ。クリスマスは、みなでこのビーチに集まってパーティーをしたな。緑のバンでバンバリーを出発する前、このホームセンターで必要な道具を揃えたんだった。あ、バンの点検をしてもらったのは、確かこの辺りの自動車工場だったはず……。

記憶の奥底に眠っていたいくつもの出来事が急に鮮明に浮かんできます。そしてとりわけ、当時住み込みで働かせてもらった安宿Wander Inn Backpackersのそばの、Henry'sというカフェを見たとき、バンバリーで暮らしていたころの感情が全身を満たすように湧き上がってきました。

そのカフェは、ボランティアのない日によく一人で行き、自分なりにライターらしきことをしようと試行錯誤を繰り返した場所でした。文章を書くことがまだほとんど仕事になっていなかったあの当時ぼくは、いつもここで、カプチーノを頼んで、何をすればいいのかわからないままあれこれ考え、調べ、書いたりしていたのです。この旅はこれからどうなっていくのだろう。果たして自分は文章を書いて生計を立てるなんてことができるのだろうか。自由で開放的な毎日を楽しみつつも、日々そんなことを考えていたときの気持ちが、ココアパウダーをかぶって表面がこげ茶色になったカプチーノの香りとともに蘇り、思わず声が出そうになりました。

そしてその翌日、野生のイルカが来ることで知られ、ぼくらが日々ボランティアをしていたビーチに行きました。そこにはイルカの研究、保護や教育活動を行う施設があり、その業務を手伝うのがボランティアの仕事です。その中でも主となるのが、イルカがビーチにやってきたときに、観光客に対して、イルカについて説明したり、イルカを眺める上でのルール（触ってはいけないなど）を伝えたりすることでした。

ビーチ周辺の芝生は当時に比べてきれいに整備されていたものの、砂浜から見る景色はほとんど変わりありませんでした。海を見ながら白い砂を踏みしめて歩くと、当時からボランティアの居場所となっていた古いコンテナの小屋が見えました。

「ユウキ！　モトコ！」

地元のボランティアのリンダとヘレンが、小走りで駆けてきてくれました。二人も自分たちも、一〇年ぶん年を取ったのは間違いありません。しかし、違和感はありませんでした。一つ大きな違いと言えば、当時ぼくはまだあまり思うように英語が話せず、また吃音の影響もあって、大した話ができなかったのですが、今回再会して一〇分ほどで当時の何倍もの内容の会話ができているように感じたことです。あのころが旅の始まりだったこと、そしてバンバリーを出てから四年以上続いた旅の間で自分に起きた少なからぬ変化を思いました。

そのうち、ビーチにイルカが来ました。

「来たわね」

海を見て、リンダが言いました。

「あれはエクリプスよ。あなたたちがいたときによく来ていた、レヴィー、覚えている？あの子どもなのよ」

その姿を見て、赤いシャツを着たボランティア、続いて二〇人ほどの観光客が海の浅瀬に入っていきます。そしてみなで一列になって、静かにエクリプスを眺めます。

モトコは一歳の次女を抱っこして海へ。ぼくは、怖がって海に入りたがらない五歳の長女とともに、砂浜から眺めました。笑顔で眺める人々の目の前をエクリプスは静かに行ったり来たりしています。その様子を見ながらぼくは、二〇〇三年に初めてこのビーチに来た日のことを思い出していました。


強い風にかき混ぜられてザッパンザッパンと荒れた海。水中で砂が舞い上がり濁ったその海面に、ぼくには何も見えなかった。だが、しばらく見ていると、波の合間にときどき姿を現すグレーの三角形の物体があるのがわかった。水面を動き回るその物体がイルカの背びれだということを理解するまでには、それほど長い時間はいらなかった。

背びれは、姿を見せたり隠したりしながらも、海の荒れなど全くかまわない様子で、ゆっくりと砂浜のそばまでやってくる。その下に隠れているはずの体の全貌は見えない。しかし、一頭の野生のイルカがたしかにそこにいるのがわかった。

それはぼくにとって全く新しい風景だった。イルカが海にいるのは当たり前かもしれない。だが、イルカといえば、〝C-C-B〟のインカムマイクだった自分にとって、目の前に野生のイルカがいるというのは驚くべきことだった。

ボランティアのおじいさんたちは、腰まである大きな長靴のようなものをはいて海の中に入っていく。何をするわけでもない。ただうれしそうにイルカを見ている。そしてたまにイルカに話しかけたりしながら、そのイルカが「誰」なのかを見分けるのだ。こんな寒い中、朝早くからじっと海に立つ彼らの背中は、イルカが本当に好きな人たちであることを物語っていた。

イルカは座礁しそうなほど浅瀬までやってくる。何をするでもなく、ただそこにいる。それが欠くことのできない習慣であるかのように、波に揉まれながらおじいさんたちが立つそばをウロウロしているのだ。そんなイルカと砂浜を、波はザパッザパッと打っては引いていった。

この一頭のイルカの動きを見ているだけでも、バンバリーのこのビーチがイルカにとって特別な場所であることが感じられた。そして同時に、イルカ好きの人間にとってここが夢のような空間であることも。

モトコは、波間に見える背びれを、声も出さずにじっと食い入るように眺めていた。そしてぼくは、おそらく彼女以上にその光景に息をのんでいた——。

そこにいるのは、おじいさん三人、ぼくたち二人とその他数人、そして一頭のイルカのみ。そんな贅沢な瞬間から、ぼくたちの半年間に及ぶボランティアの日々が始まった。

（『遊牧夫婦』3　イルカの来る町）

ここがすべての始まりだった。

水面から出たり入ったりを繰り返すエクリプスの背びれを見ながら、改めてぼくはそう感じました。

バンバリー滞在中はずっと、当時のボランティア仲間の日本人で、その後こっちで暮らすようになったチエちゃん一家の家に泊めてもらいながら、いろんな場所に行き、会えるだけ人に会いました。

特に印象的な再会となったのは、ローナというおばあちゃんです。当時一緒にボランティアをしていた仲間で、ぼくたちにとってバンバリーの祖母とも言える人でした。その彼女に、カフェでお茶をしながら聞きました。

「バンバリーでお別れをしたときのこと、覚えてる？　『いつか、リトルユウキ&モトコを連れていらっしゃい！』って言ってもらって、モトコもぼくも泣いてしまって。今回それが実現して本当に嬉しいよ」

そう言うと、

「あら、そうだったかしら……」

と、目を輝かせて、変わらぬかわいらしい笑顔を見せてくれるのでした。

バンバリーでの一週間の滞在を経てぼくらが出発する日にも、ローナは時間を作って会いに来てくれました。八六歳になっていたこのころもテニスをしていた彼女は、きっと次に来るときもまた変わらず元気に違いない。そう思いながら、今度は笑って別れることができました。

一〇年経っても、多くのことは当時の記憶と重なりました。すべての風景が懐かしく、あの日々が自然と自分の中に戻ってきました。ただ同時に、こう感じることもありました。昔に戻ったような気がしたとしても、やはりあのころには戻れないんだ、と。いろんな思い出がこびりついた場所だからこそ、こうしてここに来ると、時間が経ってしまったという事実、自分が年を取ったという事実をはっきりと突きつけられる。そしてふと寂しくもなったのです。

しかし、昔に戻れないことは誰にとっても自明です。いくら望んでも寂しがっても。だから、こういう土地を持っていることをただ幸せに思うべきだと、ぼくは思い直しました。いつかまた戻ってこられる日を楽しみに、時間とともにすべてが変化していくことを受け入れながら。

（2015・3）

いつかまたラマレラで

先日、パソコンに保存されている旅の写真を、通して見返す機会がありました。

二〇〇三年のオーストラリアから順に、膨大な枚数を一枚一枚見ていくと、時に当時の自分の悩みや考えが思い出され、また時に、オーストラリアの強い日差しや、肌に張りつく東南アジアの空気感が蘇りました。そして、東ティモールやインドネシアにいたころの、さあ、これから東南アジアを北上するんだ、という気持ちの高ぶりを久々に追体験していたところ、一枚の写真に写る一人の男性の姿を見て、ふと手が止まりました。

それはインドネシア東部、レンバタ島のラマレラという小さな村の宿の中で撮ったものでした。

男性は、日に焼けた肌を白いTシャツから覗かせて、楽しそうに笑っています。笑い声まで聞こえてきそうなそのにこやかな表情に猛烈な懐かしさを覚えながらぼくは改めて思いました。もう二度と、彼に会うことはできないのだ、と。

バリ島から東に向かって飛行機、バス、船、乗り合いトラックを乗り継いで足掛け三日はかかる位置にあるラマレラは、四〇〇年前とほとんど変わらない方法で行われている伝統捕鯨によって知られています。当時、レンバタ島の港から、島の反対側にあるラマレラまでは道もなく、船で島に着いてからは、トラックの荷台に乗って四時間ほど山道を行かなければたどり着けませんでした。電気も通ってない、現代文明とは無縁に見える村でしたが、クジラを捕まえる瞬間を見ようとやってくるぼくらのような外国人旅行者がポツポツといて、そんな旅行者を泊める民家が当時四軒ほどありました。

ぼくらはそのうち、村を貫くメインストリート(といっても、むき出しの石の上を土などで固めただけの細い道なのですが)沿いにある一軒の家に泊まっていました。

白い塗り壁のその家は、入口のテラスに竹でできたベンチがあり、中に三、四つの部屋があります。こぎれいで心地よく、発電機や、おそらく村では数少ないテレビもあったため、夜、村の大部分が暗闇に包まれても、近所でこの家だけは灯りがあり、いつも、複数の村人が奥の部屋に集まってじっとテレビを見ているような場所でした。

ラマレラ滞在中、ぼくたち以外の外国人は村に数人しかいませんでしたが、たまたまその一人が日本人の男性で、しかもぼくたちと同じ家に泊まっていました。その人こそが、ぼくが写真の中に姿を見つけて手を止めた人物、郷司正巳《ごうじまさみ》さんでした。

当時ちょうど五〇歳だった郷司さんは、写真家で、捕鯨をする人々の姿を撮影するために、ラマレラを訪れていました。以前ベトナムでも海の民の写真を撮っていて、クジラを捕るラマレラの人々にもまた、長い間興味を惹かれつづけていたようでした。

郷司さんは、温厚で笑顔が優しいとても魅力的な人物で、ラマレラについて思い出すと、いつも彼の顔が浮かびます。だから、二〇一〇年に『遊牧夫婦』を書いていたとき、ラマレラの場面ではぜひ、郷司さんのことも書きたいと思い、久々に彼に連絡を取ってみることにしたのでした。

郷司さんとは、二〇〇四年にラマレラで知り合って以来、半年ほどはちょくちょくメールでやり取りをしていたものの、ぼくたちが中国に住みだした二〇〇五年ころには次第にその頻度も減りました。

それでも彼は、ぼくにとってもモトコにとっても、五年間の旅で出会った中で最も素敵な人の一人だったので、いずれ再会を果たしたいと思っていました。しかしながら、気づくと最後に連絡を取ってから五年もの歳月が経ってしまっていたのでした。

久しぶりにメールを送る前にちょっとでも近況を知れたらと、ぼくは彼の名前を検索しました。あれからまたラマレラに戻ったのだろうか。もしかしたら写真集ができあがっているのではないか。いろいろな想像を膨らませながら検索しました。すると、しかしネット上で見つかったのは、郷司さんの知人らしき人のブログに書かれていた、全く予想もしていなかった言葉でした。郷司さんはその前年、二〇〇九年一一月に、亡くなられたというのです。

享年五六。まだあまりに若く、ラマレラでお会いしたときもとても元気そうだったのですぐには信じられませんでした。しかしブログには、その数年前に郷司さんが大変な手術をされ、闘病されていたことも書かれていました。その文面を読み、掲載されていた郷司さんのさわやかな笑顔を見ながら、ぼくは、ラマレラで過ごした彼との日々を鮮明に思い出したのでした。

二〇〇四年の七月のことでした。

郷司さんは、ラマレラで毎日、日本語堪能なインドネシア人ガイドのマデさんとともに撮影に出かけていました。そして夕方、宿に戻ってくると、入り口のテラスに腰掛けて外を眺め、海風に吹かれながら、その日の出来事を丁寧にノートに綴りました。「今日もクジラは出なかったね。明日は出るかなあ……」。そう言って、穏やかに笑いながら。

マデさんはまん丸な顔でいつもけらけらと笑っている、ちょっとおっちょこちょいな二〇代前半くらいの男性で、いつも郷司さんと一緒にいました。マデさんが郷司さんを助け、郷司さんがマデさんをからかいながら楽しそうにしている姿はまるで親子のようでもありました。

ぼくもラマレラについてはあとで文章を書きたいと思っていたため、郷司さんの存在はとても心強いものでした。夕方、彼がテラスにいるときは、ときどきぼくも隣に座らせてもらい、その日の出来事を互いに共有し合いました。そして、時に郷司さんの持っていた資料を見せてもらったり、写真の撮り方を尋ねたり、また、マデさんにはインドネシア語を教えてもらったりするなど、二人にはずっとお世話になっていました。

一方、ぼくが自分たちのこれまでの旅や、今後の計画について話をすると、郷司さんはいつも、「うん、そうかー。へえ、すごいなあ」と熱心に聞いてくれました。自分よりも二〇歳以上年長で、ずっと多くの経験をされていながら、偉ぶったりすることは全くなく、とても真摯にぼくたちに向き合ってくれるのです。そんな彼の姿を見てぼくは、自分も五〇代になったら郷司さんのようにありたいと思うようにもなりました。

そのような人だったので、ぼくはつい、「写真家として生活していくのは大変ではないんですか?」などと不躾なことも聞いてしまったりしたのですが、そういった問いにも郷司さんは、「そうだね」と言いながら丁寧に答えてくれました。家族のことなども話しながら、「楽じゃないけど、まあ、なんとかやってるよ」と、日焼けした黒い顔にしわをよせて苦笑いします。その表情を見ていると、たしかに楽ではないのかもしれないけれど、写真を撮ることが本当に好きなんだろうなと感じられ、彼の、写真と正面から向き合って生きる姿にぼくは強く惹かれていったのです。

ぼくは、自分が旅をしながらライターとしてひとり立ちしようとしているものの、悪戦苦闘していることを郷司さんに話しました。細々と仕事はしているけれど、これで将来生計を立てられるイメージはまだ全く見えてこない。本当に食べていけるようになるのだろうか。でも、がんばりたいと思っている、と。

そんな自分に郷司さんは「大丈夫だよ」などと言うことはありませんでした。ただ、優しく笑いながら、「二人の生き方は羨ましいよ」と言ってくれたように記憶しています。ぼくはそんな言葉に、がんばろうと励まされたり、また、ライターとしてどうなるかは別としても、郷司さんのように素敵に年をとっていきたいな、と思ったりしたのでした。

そうして、一日一日と滞在を重ねる中で、ある日、彼にとても不運なことが起りました。その日は土曜日で、ラマレラでは「バーターマーケット」すなわち物々交換の市場が開かれる日でした。ここではクジラは、単に村人の食料となるだけではなく、その肉は貨幣としても使われていました。すなわち、男たちが海へクジラを捕りに行くのに対し、女たちはクジラ肉を担いで山に行き、クジラ肉を、山の民が育てたトウモロコシなどの農作物と交換するのです。

ぼくはその日、風邪をひいて体調が悪く、残念ながら市場を見に行くことはできなかったのですが、昼ごろ、宿でごろごろと休んでいると、朝から市場に行っていた郷司さんが戻ってきて、「いやあ、やっちゃったよ……」と、苦い顔をしてこう言いました。

「カメラ、落としちゃったんだ、海に……。市場からの帰り、山道は大変そうだったから、船で回って戻ってきたんだけど、船から下りたときに足滑らせちゃってね。カメラごとドボンだよ……」

ニコンのカメラが二台、そしてレンズもすべて水没してしまったというのです。

山道を歩いて帰るガイドのマデさんに預けようかと思ったものの、まあ大丈夫だろうと自分で持ってきてしまった。それが間違いだったよ、とすごく残念そうにしていました。写真家にとってこれ以上ないやりきれない展開に、ぼくはかける言葉が見つかりませんでした。

その後も郷司さんは、苛立ったりすることはなくにこやかなままでしたが、多大な労力と費用をかけてラマレラまで来ていたために、さすがにショックは隠しきれないようでした。「いやあ、本当にバカなことをしてしまったよ」と繰り返し、時折悔しそうな表情を見せました。そしてほどなく、こう言ったのでした。

「これでクジラが出たら悔しくてやりきれないから、もうぼくは帰るよ」

ある意味当然な決断かもしれないと思いつつも、彼がラマレラを去ってしまうことをぼくはとても寂しく思いました。

別れるとき郷司さんは、笑顔でぼくたちに言いました。

「来年、きっとまたラマレラに戻ってくるよ!」

郷司さんとマデさんがラマレラを出発した日、ぼくは早朝から船に乗り、漁に同行しました。クジラに出会うことはなかったものの、イルカの大群に遭遇し、まるで哺乳類同士の闘いと言える瞬間を経験することになりました。その圧倒的な興奮がさめやらないその翌日、ぼくらもラマレラを去りました。

帰り際にモトコは、郷司さんが来年戻ってきたときのためにと、宿のゲストブックの小さく空いたスペースに、短いメッセージを残しました。

「郷司さん、今度こそはいいクジラの写真が撮れますように！」

しかし、その後郷司さんがラマレラに戻ったのかどうかは、ついに知ることのないままとなってしまいました。


郷司さんについては、『遊牧夫婦』の本のベースとなったウェブ連載には書いたものの、結局本の中には収められず、ずっと心残りがありました。だから今回、久々に彼の写真を見て思い立ち、この原稿を書くことにしました。

彼の闘病期には、友人たちによって「郷司正巳さんを支援する会」が立ち上がり、彼を支えていたようでした。郷司さんの人柄を思い出すたびに、そういった仲間を持ちうる人であっただろうことがすんなりと理解できました。そしておそらく、郷司さん自身もまた、多くの人の支えになってきただろうことを想像しました。ぼく自身、郷司さんから、いまもずっと心に残る、優しさや寛容さを教わったのです。

旅の一番の醍醐味は、人との出会いだと思います。互いに全く異なる人生を歩んできたもの同士が、未知の土地で、偶然に人生を交錯させる。そしてその短いひとときが、何らかの形で互いの人生に影響を残し合う。郷司さんを思い出すたびに、まさに旅でのこうした出会いが、いまの自分の大きな部分を作り上げていることを、ぼくは実感するのです。

（2014・11）

「違い」はあっても「壁」はない

二〇一六年九月に、家族で中国を訪れました。

場所は内陸部の四川省成都。四川省を訪れたのは、雲南省の昆明に住んでいた二〇〇五年以来だったので、じつに一〇年以上ぶりです。ぼくは二〇一四年に上海に行く機会があったものの、妻のモトコは中国に行くこと自体が二〇〇七年に上海を離れて以来のことで、さらに二人の娘を連れて行くのももちろん初めてだったため、新鮮な中国訪問となりました。

目的は、友人の結婚式への参列でした。

友人というのは、もう一五年ほどの付き合いになる日本在住の中国人男性です。彼とは、学生時代に知り合って以来仲が良く、ぼくが中国に住みたいと思うきっかけを作ってくれた人物でもあります。彼が四川省出身だったことから、最初は住むなら四川省にしようと思っていたのが、諸々の条件などから、その南の雲南省に住むことになったのでした。

彼は、学生のときに日本に留学してからそのまま日本で就職し、その後一貫してテレビの仕事をしてきました。ぼくが知る限り彼は、中国語ネイティブという強みは使わずに、日本人と同じ土俵で仕事を得て、中国とは一切関係のない分野での番組制作をずっと行ってきています。自分が海外で日本とすべてを切り離したところで仕事ができるとはとても思えないので、本当にすごいと思います。


二〇〇五年の夏、ぼくらが昆明に住んでいたとき、四川省のチベット文化圏を巡る一カ月ほどの旅をしました。そのとき、たまたま彼も四川の実家に帰っていたので、成都の近くの彼の地元を訪れて、実家に泊めてもらったことがありました。

彼は当時すでに日本にかなりなじんでいて、中国に戻ると逆カルチャーショックを受けるようになった、と言っていました。日本語がとても流暢で、しかも日本のバラエティ番組の制作にたずさわるなど、ぼくから見ても感覚がじつに日本的だったため、そう感じるのも頷けました。

しかしそうは言っても、彼は決して、もう自分は日本にずっと暮らすつもりだ、という風ではありませんでした。『中国でお尻を手術。』の中でぼくは、四川省で彼と会ったときのことを次のように書いています。


その一方で、親孝行な彼は、一人っ子だからということもあるのか、いつも両親のことを心配し気遣っていた。彼は時折、日本から両親に送金もしていた。両親のことを考えると、やはり遠くない将来中国に帰ってこなければ、という気持ちが彼にはあった。

「やっぱり結婚して一緒にこっちに住むっていうのがいいんだろうな、って思うんだよね。そのためにも、相手を見つけないとなあ……」

（『中国でお尻を手術。』16　滞在一年。中国での職探し）


それから現在に至るまで、彼からはよく、結婚も含めて将来どうしたいか、という話を聞いてきました。中国に戻るのがいいか、日本で暮らし続けるのがいいか。それともまた別の道があるのか。おそらく彼は、いろんな可能性を視野に入れつつ、日本で暮らし、日本で働き続けてきました。そして今年、ついに結婚することで、道筋を一つ明確にさせたのでした。

相手は日本人で、もともと中国に興味があるというとても素敵な人でした。それはおそらく、彼を一五年ほど見てきた中でぼくが漠然と想像していた、彼が理想とする女性そのもののような人でした。

今回はそのような長年の友人が、理想の女性と、彼の地元四川省で結婚式を挙げるという、ぼくにとってもとても感慨深い機会だったのです。

しかし、いまこの文章で書こうとしているのは、彼の結婚式そのものについてではありません。じつはこの結婚式ではぼく自身に、また別の印象的なことがありました。それは、この大切な場で、ある中国人女性と再会したことです。

その女性というのは、結婚式の司会を務めることになっていた人で、彼女もまた日本での生活が長く、かれこれ一五年ほど東京で、日本と中国の架け橋となる仕事をしていました。ぼくは、まだ学生だったころ、彼女が立ち上げた日中をテーマとした映像制作の団体に入ったことで、彼女を知るようになりました。新郎である友人ともその団体で知り合い、以来ぼくらは、よく三人で一緒に過ごす親しい仲になりました。

彼らはまさに、ぼくが中国へ行きたいと思うきっかけを与えてくれた二人です。その二人と、出会って一五年以上が経ってから、初めて揃って中国で会うことができたことに、ぼくは大きな感慨を覚えていました。ただその感慨は、長年の友人と、彼らの祖国で再会を果たせたということだけによるのではありません。かつてその女性との間で、ずっと心に残り続ける出来事があったからでもありました。

それは、ぼくらがユーラシア大陸を横断してスイスに滞在していたころのことです。今回は、その出来事について少し詳しく書いてみようと思っています。

ユーラシアを横断していた二〇〇八年は、北京オリンピックが開かれた年で、その大会の五カ月ほど前の同年三月に、チベットで大きな「暴動」がありました。中国・チベット自治区のラサなどでチベット人が暴動を起こし、その後警察によって弾圧され、多数の死者が出たのです。ぼくはその出来事をトルコのイスタンブールで知りましたが、チベットには数カ月前に行っていたばかりだったこともあり、とても気にかかりました。

ネットで調べ、チベット近郊に暮らす知人に連絡を取るなど可能な限り情報を集めて考えたところ、どう見ても中国政府に非があるように見えました。しかし日本では、人権問題や平和構築などに熱心な、一般的に「左寄り」とされるメディアが、見たところみな、この問題をスルーしていました。つまり、普段中国にシンパシーを持っていそうなメディアが、中国に非があることについては口をつぐんでいる。そう見えたのです。

ぼく自身、基本的な考え方はそれらのメディアに近く、親近感も抱いていたからこそ、それはよくないだろうと感じ、ならば自分が書こうと考えました。そこでぼくは、旅中によく寄稿していて、やはりこの問題に何も触れていない「左寄り」とされる週刊誌に、今回のチベットの問題について自分なりに調べて感じたことを書かせてもらうことにしました。

ヨーロッパにいる自分に書けることは限られていましたが、わずかながらも現地から直接情報を得る手段はあったし、自分なりの方法で中国の行為に対して意見を述べるのは可能だと考えました。そして実際にそのような記事を書き、掲載後、その記事について、この女性が代表を務める映像制作団体のメーリングリスト上で報告しました。すると、全く予想していなかったことに、彼女からとても強い抗議の意のこもった反応が返ってきたのでした。

日本語で書かれたその友人の返事は八〇〇〇字を超える長文だった。

そこには彼女の、チベット問題に関する見方や、ぼくが書いた記事についての彼女の意見が書かれていた。そのすべてをここで伝えきることはできないし、一部を引用すると誤解を招く可能性があるのであえてしない。

ただそこには、ぼくに対する怒りのような感情までが見て取れた。彼女のチベットに対する歴史的な捉え方や今度の問題への見方は、ぼくとはまったく異なっていた。それは、ある程度まで予想はできていたけれど、自分に対する刺々しい言葉には驚かされた。そしてぼくがこれまで中国について日本の雑誌で書いてきた記事についても、辛辣な批判がなされていた。書いた記事は表面的すぎる、中国語もほとんどわからずに中国で二年半暮らしただけでいったい中国の何が書けるのだ、と——。

（『終わりなき旅の終わり』24　中国の友人からの辛辣な批判）

チベット問題について中国人と意見が異なるだろうことは特に驚くことでなかったけれど、今回の件については中国政府が悪いのは明白だとぼくは考えていたため、正直、そういった返信が来るとは想像していませんでした。特に、これまでさまざまな話題を話しながらもそう大きな相違はなかったその女性から、しかも、かなり辛辣な言葉が並んでいたことには戸惑いを隠せませんでした。

ぼくはそれを読んで怒りがこみ上げ、同様に長文の反論を書きました。そしてその後他の人も交えてメーリングリスト上で議論したのでした。

冷静になると、彼女の言葉が自分にとって痛いところをついていたからこそ怒りがこみ上げたということにも気づかされました。また、いま振り返ると、自分も記事を書く上でもう少し言葉を選ぶべきだったのかもしれないとも思います。その一方、議論が平行線のままに終わった部分もありました。

ただその議論そのものとは別に、このとき、中国について発言し、中国人から批判を受けるという経験をすることによってぼくは、彼女が長年日本で暮らし、中国人として日本と中国に関して発言してきたことの大変さを多少なりとも理解できたように感じました。彼女自身、日本について発言すれば、少なからずこのような批判や冷ややかな反応を日本人から受けることもあったはずです。しかも彼女はそれを母語ではない日本語でやってきたのです。そのすごさを想像すると、彼女がぼくに抱いた怒りのようなものが理解できるような気持ちになりました。

そしてこの経験は、自分が長旅を終えて帰国しようという意思を固める上で少なからぬ意味を持ちました。つまり、旅をしながらその国について日本のメディアに日本語で書く、という誰からも批判を受けにくい状態を脱して、日本で、日本について日本語で書くという、おかしなことを書けば強い批判が待っている環境で書いていかなければと、考えるようになったのです。

このことがあった半年ほど後にぼくらは日本に戻りました。そしてその後一、二年の間、彼女とは疎遠になりました。とても親しい関係だったために、それは残念なことでした。しかし、ぼくがちょうど『遊牧夫婦』を出したあとくらい、二〇一〇年の暮れごろに、彼女は突然連絡をくれました。そして、彼女自身が運営に関わり、日中の未来をテーマとして東京で開催される大きな会合にぼくを呼んでくれたのでした。しかもその場で、中国での経験や中国について思うことを自由に話してほしいと依頼してくれました。ぼくは、あのようなやり取りをして以来ながら、彼女が自分のことを信頼してスピーチを依頼してくれたのが嬉しく、ぜひにと、やらせてもらうことにしました。

その当日、何年かぶりの再会を果たしました。メールでの激しいやり取りについてはお互い何も触れず、ただ、会うや否や、学生時代に一緒に映像制作の活動をしていたときの感覚を思い出して、互いにこみ上げてくるものを感じながら再会を喜びました。

会合は大きな会場で行われ、日本の元駐中国大使などを含め、日本と中国に関係の深い方たち二〇〇人ほどが来ていたと記憶しています。その場で自分が何を話せるのか、何を話すべきなのか、とても迷ったのですが、ぼくは、自分の経験や中国への思いを話したあと、やはり彼女との間にあったことを話さないと自分の本当の気持ちは伝わらないと思い、その出来事について、スピーチの中で率直に話すことにしました。

激しい言葉のやり取りがあったこと、日本と中国という異なる立場でどうしてもわかり合えそうにない問題があるということ、そしてその後彼女とは疎遠になり、今日がそれ以来初めての再会であったこと。にもかかわらず、このような場に彼女が声をかけてくれたことに関する喜びと感謝、人と人がこうして直接つながっていることの大切さ……。そういった事柄を、ぼくはその場で思いつくままに話しました。

きっと彼女は、ぼくがこの大勢の前でこんな話をするとは想像していなかったと思います。それが彼女にどんな感情を抱かせるのかはわからないまま、ぼくは壇上で話しました。しかし話を終えてみると、彼女は満面の笑みでぼくの方を見てくれました。そして近づき、互いに言葉にならない表情で笑い合いました。意見が違うことやぶつかり合うことと、互いに信頼し合えることとは別なんだ。このときぼくは、そう実感したのでした。

彼女の司会で進んだ四川省での友人の結婚式は、日本とは全くスタイルが異なり、ぼくにとってとても新鮮なものでした。

新郎も、司会の女性も、日本で会うときとはどこか表情が違うようにも感じられ、その姿を見ながら時折ふと、全く違った文化、言語の中で育った人間同士がずっと親しくいられることの喜びを噛みしめました。

華やかな赤いステージの上には、文化の違いを越えて夫婦となった二人の姿がありました。

文化や習慣の違いは厳然とある。しかし人と人の間に壁はないし、信頼し合える。

彼らを見ながらぼくは、願いも込めて、そんなことを考えていました。


（2016・9）

新年は巡る

長旅から帰国して京都に暮らすようになって七回目の正月を迎えました。元日は妻の実家で過ごすのが定番になり、年明けは毎年ほとんど同じように過ぎていきます。おせちをいただき、駅伝を少し見て、寒い寒いと言いながら親戚一同、歩いて北野天満宮にお参りに行くことから始まって、気づいたら三が日が終わっています。そして、ああ、今年もまた始まるのだなあと気だるさを感じていると、すぐに二月、三月に。その後、春になって、スコールが降るような梅雨が過ぎると酷暑の夏、そのあと束の間の休息のような短い秋を経て、気がつくとまた年賀状の季節へ、という流れを思い浮かべると、同じように過ぎるのは年明けだけではないことに気づかされます。

「あの人と会ったのは、二〇一三年だったっけ、いや、二〇一二年かな……」などと思うことも増え、そのたびに、あまりにも毎年が似たように過ぎていることに愕然とします。

もちろん、子どもが生まれたり、仕事で大きな変化があったり、大切な出会いがあったり、家を引っ越したりと、毎年、忘れ得ぬ出来事はあります。また、何も大きな変化はなくとも、じっくりと一日一日を積み重ねるからこそ感じられる味わいや感激もあります。

ただ、そうした日々の中で、ふと旅のころを振り返ると、あの当時、いかに一年一年が全く違っていたかを改めて実感させられるのです。


旅中は、正月も毎年違う場所で迎えていました。

二〇〇四年はオーストラリア西部のバンバリーで真夏の年越しをして、二〇〇五年は、東南アジア縦断を終えて一時帰国していた日本で迎えることになりました。二〇〇六年は中国雲南省の大理という町で、遊びに来ていた従弟や昆明の友だちらとバーで新年の到来を祝い、二〇〇七年は上海で妻と二人、自宅での年越しとなりました。そして二〇〇八年はウズベキスタンのタシュケントの安宿で。

一年一年、どこで誰と何をして過ごしていたかが、いまもはっきりと、ほとんど考えることなく蘇りますが、なかでも特によく覚えているのが、二〇〇八年の年越しです。ユーラシア大陸横断中の、極寒のウズベキスタン。カザフスタンから国境を越えて二日目の夜が、二〇〇七年の一二月三一日でした。

首都タシュケントの大晦日は、予想以上にひっそりとし、見る限り、通りにほとんど人の姿はありません。

「どこかですごくたくさんの人が集まって盛り上がってるんじゃないかな?」

そうも思ったものの、どこに行ったらいいかもわからず、零下一〇度にはなっているだろう寒さの中、ただぼくらは、静かな首都の街中を歩いていました。そして、いつもより少しだけ奮発して韓国料理を食べたあと、泊まっていた宿へと一時間近く歩いて帰ったのですが、その道中、まれにすれ違う人がいると、ささやかに笑い合って「ス・ノビーム・ゴダム!」とロシア語で新年の挨拶を交わします。そのときだけ、ああ、本当に大晦日なんだなとわずかに感じることができるのでした。

宿はタシュケント駅のすぐ隣の、電車を待つ人が一晩だけ身体を休めるために利用する、とても簡易なものでした。男女混合の五人部屋で、泊まっていたのは運よくぼくらだけでしたが、いつ新たに他の人が入ってくるかはわかりません。しかも、寒さのせいでお湯が出ずでシャワーが使えず、仕方なく、部屋の外の共同トイレの洗面台で頭と足だけを洗ったのですが、なぜか洗面台には大便がこびりついているのです。なぜそんなところに、と考えるもその理由はわかりません。ただそれは、二〇〇七年の最後の一コマとしていまも鮮烈に記憶に焼きつく光景となりました。

いずれにしても、その洗面台で最低限身体を洗い、ぼくもモトコもそれぞれベッドに横になって年が明けるのを待ちました。そしてときどき目をつぶってウトウトしながら時計を見つつ、針が一二時を指すのを見守っていると、静かに二〇〇八年が幕を開けたのでした。

ベッドから身を起こして窓の外を見ると、遠くで申し訳程度に花火が上がっている。それを見て初めて、本当に年が明けたことを実感できた。まばらな花火以外、窓の外には、漆黒の闇とわずかなオレンジ色の街灯の光のみが見えていた。

旅に出てから新年を迎えるのは五度目のこと。〇四年は真夏のバンバリー、〇五年は一時帰国していた日本、〇六年は昆明のそばの大理、〇七年は上海だった。そして〇八年——。今年がもっとも静かな年明けだった。

部屋の外の花火を見ながらぼくはモトコにつぶやいた。

「来年はどこで新年をむかえているんだろうなあ」

そう言ってぼくはひとり、いくつかの場所を思い浮かべていた。

旅を始めてからずっと、半年先にどこにいるのかが見えない状態が理想だったし、そうあり続けたいと思ってきた。しかしこのころ、すでに一年先について想像し、そのイメージに縛られそうになっている自分を感じていた。一年後を想像することで、急に未来がこぢんまりしてくるような気がした。

ふとそんなことをモトコに話すと、彼女はこう言った。

「どこやろうなあ。でも、まだそんなこと考えるの早いって」

そうだよな。新たな一年が、いま始まったばかりなのだ。

（『終わりなき旅の終わり』13　ウズベキスタンでの年明け）

ユーラシア大陸横断を終えたら、きっとぼくらは日本に帰国することになるだろう。そう考え、このころ少なからぬ不安を抱くようになっていました。こんなに長い間気ままな生活を続けてしまった自分たちは果たして日本社会でやっていけるのだろうか。日本で文筆業で生活するなんてことができるのだろうか。ストレスフルな生活に戻ったら、せっかく軽減してきている吃音がまた元に戻ってしまうのではないだろうか……。

いくつもの不安があり、そのいずれもが、考えても答えを知りようのないものでした。しかしいま思えば、あの先の見えない感じこそが、感覚を研ぎ澄まさせ、一日一日を際立たせていたようにも思うのです。

タシュケントで新年を迎えた日からすでに七年になります。当時の揺れ動く気持ちに懐かしさを感じるとともに、あのころのように、一年ごとに、過ごし方や過ごした場所に明確な違いがあり、そのときの気持ちやその町の空気感までが思い浮かべられる日々というのがいかに貴重なものだったかを思わずにいられません。

いや、一年一年どころか、旅をしている間ぼくは、いま思うと信じられないほど明確に毎日の出来事を記憶していました。旅を始めてから最初の二年間ぐらいについては、○年○月○日と言われたらほぼ確実に、一日ごと、どの町で何をしていたかをそらで言うことができたのです。

ときどきモトコに日にちを言ってもらって、こんな会話をしていた時期がありました。

「二○○四年四月○日は？」

「ああ、ダーウィンでバンを売ってたときだよね。たしか、○○が連絡くれて試乗してもらった日だ」

「二○○四年八月△日は？」

「その日は、ボルネオ島のジャングルの二日目だよね」

「二○○五年一○月×日は？」

「りえちゃんが遊びに来て、一緒に雲南省のバーメイ村に行った日だね」

記憶力云々ではなく、それだけ一日一日が異なり、毎日がその日ならではの風景、匂い、色、空気とともに記憶に刻まれていたということです。

一日一日の詳細な記憶を積み重ね、いつしかそれが熟成して、自分の中で新たな何かとなっていく。そのような時間の流れの中で歳を重ねていけることがいかに幸せであるかを、いま改めて感じます。

もちろんそれは必ずしも旅に出ないと得られないことではないでしょうし、旅に出たから必ずそういう感覚が得られるというわけでもないのかもしれません。ただ、そうした日々を自分が再び渇望するようになっていることをいま、ひしひしと感じています。

今年はどんな一年になるのか——。

そう考えた心の動きも記憶できるような一年にしたい。

新年の日々の中、ふとそう思うのでした。

（2015・1）

いきたくないよう、いやだよう

先月、保育園の年長になった長女の「お泊り保育」がありました。園児と先生たちとで自然公園的な場所に出かけて一泊するという行事です。親や家族と離れて泊まることはおそらくまだ多くない年齢なので、少なからぬ子にとって、なかなかチャレンジングな二日間であるはずです。小学校入学を来年に控えた年長組の、最も大きなイベントと言えるかもしれません。

娘もまた、妻も自分もいないところに泊まるという経験は、それまで一度だけしかしていませんでした。その一回も、毎週のように行く妻の実家で、祖父母と大好きな従姉と一緒に泊まるという形だったので、身近な家族が誰もいないところで夜を越すのは全くの初めてです。とはいえ、先生も友だちも一緒だし、きっと楽しんでくるだろう。漠然とそう思っていたのですが、本番が近づくにつれて、一筋縄ではいかなそうなことがだんだんとわかってきました。

　二カ月前ぐらいから、何かあると「ああ、おとまりほいく、いややなあ……」と言って、しょんぼりしてしくしく泣くようになりました。妻がいないところに泊まるのが猛烈に怖くなってきたようでした。

「行ったら絶対楽しいし、大丈夫やで」「ああ、行ってよかったって絶対思うよ」

　妻とぼくでそんなことを言ってみても、全然納得してくれません。日に日に嫌がり方は強くなり、毎晩のように泣き、時に号泣と言える泣き方にもなりました。そして心配だったのは、夜中に突然起きて、嘔吐するようにまでなったことです。本当に行きたくないようでした。

　その少し前に、娘に「『きんちょう（緊張）する』ってどんなだかわかる？」と聞くと、「わからへん」というので、簡単に説明すると、「そんなきもちになったことない」と言っていました。つまり、まだ人生で一度も緊張した経験がないらしかったので、先のことについて気に病むとは思いもしていませんでした。しかし、全身で拒否反応を起こして強烈に意思表示する様子を見ると、嫌だという気持ちが本当に強いのが伝わってきました。これは彼女の気持ちを大切にしてあげなくていけないかもしれない。妻もぼくもそう思うようになりました。

当日。前日もやはり「いやだいやだ」と言って泣いていたのですが、準備はさせて、保育園まではなんとか行かせることにしました。

「とりあえず保育園まで行こう。みんなと会ってから、行きたいか行きたくないかを決めたらいいよ。それでもどうしても嫌だったら行かなくていいから」

そう言って、いつも通りぼくが自転車の後ろに乗せて、なんとか保育園までは連れて行ったのでした。きっと友だちに会えば、楽しくなって笑顔で行くのではないか。そう期待していました。ぼくも妻も、やはり行ってほしいという気持ちがあったし、行ったらきっと楽しくて、行ってよかった！　ということになるはずだと思っていました。

しかし保育園に着いても一向に顔は晴れません。友だちに会っても先生に会っても変わりません。それでもなんとか他の園児とともに、先生に連れられてしぶしぶ園舎の中に入っていきました。

他のお母さんたちと一緒に一〇分ほど園庭で待っていると、準備を整えた子どもたちが出てきました。娘も、苦笑いの顔ながらも友だちとじゃれているので、なんとか行ってくれるかな……と期待する気持ちが湧きました。しかし、そう簡単ではありませんでした。いざぼくの姿を見ると、近づいてきてどんどん顔が悲しげになり、ぼくにぎゅっとしがみついて、号泣し始めてしまったのです。

「いきたくないよう、いきたくないよう、いやだよう……」

その声はどんどん大きくなり、ぼくにしがみつく手の力も強まりました。これは無理かもしれないな。そう感じました。すると二、三人の先生が、「そよちゃん、行こう」と説得に来てくれます。

「お父さん、大丈夫ですから、お任せください」

そう言って、なんとか娘をぼくから引き離して連れていこうとしてくれました。ぼくも「行ったら絶対楽しいよ、夜、泊まるの嫌だったら、先生に言えばいいよ。そしたらすぐに迎えに行ってあげるから。とりあえず昼間はみんなと遊んできなよ」などと、いろいろなことを言いましたが、どんな言葉も耳に入る様子ではありません。娘はただただ、「いやあああ！」とさらに声を大きくして、全身に力を込めて抵抗を続けるのでした。

そうしたやりとりを、五分ぐらいは続けたでしょうか。全く変わらぬ娘の意思を感じ、ぼくはいよいよ決断しました。休ませよう、と。

「本当に申し訳ないのですが、今回は休ませます」

そう先生に告げました。先生方は、毎年、行く前に嫌と言っていた子もみな楽しかったって帰ってくるからと、なんとか連れて行ってくれようとします。しかし、ぼくとしては、娘に、保育園まで行って嫌なら行かなくていいと約束し、これ以上は考えられないほどの嫌がり方をしているので、ここで無理やり行かせたら、「裏切られた」という気持ちを残すかもしれないと感じました。また、娘自身のこれだけ強い意思表示は尊重したいという気持ちもありました。

先生方には、前夜にも夜中に起きて軽く吐いたりした状況を話し、連れて帰る旨伝えました。そして、娘にはこう言いました。

「行かなくていいよ。おうち帰ろう。だから安心しな」

それでも延々と泣き続ける娘を抱きしめながら、ぼくは園庭に座り込み、娘が落ち着くのを待ちました。そして、そんなぼくらを心配そうにまたは不思議そうに眺める三〇人近い園児たちと先生方が並んで園庭から出ていくのを、二人で見送ったのでした。

娘が泣きやんで落ち着いたあと、再び自転車の後ろに乗せて、二人で家に戻りました。娘はずっと鼻をすすりながら無言でただ乗っています。

結局行かないで終わったか……。二カ月ぐらいずっとあれこれ気をもんでいたことだったので、残念な気持ちがありました。その一方で、どちらにせよ、お泊り保育問題が一つの区切りを迎えてほっとする気持ちもありました。娘にも言いました。

「もうこれで心配することないよな。よかったな」

ただ、大きなイベントだっただけに、こういう形で参加しなかったことが何かその後に影響を及ぼすかもしれないとも思いました。これからますます、母親がいない場所に泊まることができなくなってしまうのではないか。友だちがお泊り保育の話をするときに一人だけ入れなくて保育園そのものがいやになったりしないだろうか。静かになった娘を後ろに乗せて自転車をこぎながら、そんなことが頭をよぎります。
でも、考えても仕方ないと思い直しました。行くのと行かないのと、どちらがよかったかなど、決して知ることはできないからです。そしてぼくはふと、七年以上前のイランでのある経験を思い出したのでした。

ユーラシア大陸を横断中、イラン北東部のネイシャブールという町で、理不尽な展開で警察に連行されそうになり、数時間にわたって大もめしたことがありました。そのとき、警察側の人間として英語堪能なおじさんが現れて、結果、彼が事態を収めてくれたことで無事解放されたのですが、その後、一、二時間も経ったあと、町を歩いているとどこからともなくそのおじさんが現れたのです。

しばらく歩いていると、またぼくらの近くに車が止まった。パトカーではなかったが、今度はなんだろうと少し警戒していると、なんと驚いたことに、現れたのは、先の英語堪能なおじさんだった。

「さっきは大変だったね。よかったら今日、ぼくのうちに泊まりに来ないか」

そう彼は言った。物腰が穏やかで感じのいい人だったが、登場のタイミングがあまりに不思議で、なんだか気味が悪かった。偶然なんだろうか？　それともつけられてたのだろうか？　そのうちに彼は、自分の素性を少し話した。彼は指が一本か二本なかったのだが、それがなぜなのかを説明し出した。

「イラクとの戦争で、ぼくはこの指をなくしたんだ」

本当かもしれなかったし、本当ではないかもしれない。しかしこのときは直感的に、ぼくもモトコも、なんとなく危険な空気を察知した。そして、こう言って断った。

「ありがとう。うれしいけれど、今日テヘランに行くことになってるんだ」

すると彼はすんなりとわかってくれた。「そうか、わかった。残念だけれど、元気で」。そう言って車に乗って去っていったのだ。

彼が去っていくのを確認しながら、ぼくは考えていた。

「彼についていったらどうなっていたのだろう」

あの車に乗りこんだら、思い出深い貴重な経験ができたかもしれない。あるいは本当に大変な展開になっていたかもしれない。ただ確実にいえるのは、選ばなかった道のことはいつまでもわからないということだけだった。

（『終わりなき旅の終わり』15 マリオ野郎）

ぼくはこのときのことをなぜかよく思い出します。あの車に乗り込み、夕暮れの街のどこかに消えていく自分と妻の姿を思い浮かべるのです。乗っていたらどこに行くことになったのだろう。いったいどんな展開が待っていたのだろう。そう、あてもなく考えてしまいます。

娘がお泊り保育に行かなかったことは、あとから考えたらほとんど取るに足らないようなことなのかもしれません。一方で、何らかの気持ちを彼女に残すのかもしれません。いつまでもよくイランでのことを思い出すように、今後、娘の成長を見ながら、お泊り保育の一件もときどき思い出すのかもしれません。

ただ、いくら考えても、選ばなかった道の先に何があったかを知ることはできません。

だからいいんだ、とぼくは思います。自分の選択が正しかったか間違っていたかなど、判断することは決してできない。正しかったか間違っていたかを問うことにも意味はない。だからこそ、いま自分が進んでいる道をただ全力で生きていけばいいんだ、と。

（2015・8）

幻想ではない世界に向けて

夏休みが終わって新学期が始まるのを前に、鎌倉市立図書館の職員の方がつぶやいた言葉が大きな反響を呼びました。

《学校が始まるのが死ぬほどつらい子は、学校を休んで図書館へいらっしゃい》

夏休みが終わるこの時期に自ら命を絶つ子どもが多いことは、以前より耳にしていましたが、改めて最近のニュースでそのことを実感しました。ウェブのニュースで《中二男子飛び降り自殺か　東京》という記事を読んでいると、その下の「関連ニュース」に

《中二女子が飛び込み自殺か　神奈川》

《高一女子が高層マンションから転落死　新潟》

《電車にはねられ中学生？　死亡　群馬》

と並んでいたのです（二〇一五年八月三〇日　産経ニュース）。そのいずれもが始業式前後の出来事です。さらにその下には、八月前半に、やはり自死と思われる形で亡くなった二人の高校一年生についての記事もありました。その数の多さには、愕然とせざるを得ませんでした。

ぼく自身、身近な人を自死で亡くした経験が少なくなく、その一人ひとりに、言葉では語りつくせないその人ならではの人生があったことを思い出します。そしてぼくはその各人に少なからぬ影響を受けていたし、影響という言葉が全く適さないほど身近だった人もいます。彼らが死を選んだときのことを思い出すと、衝動的であったにしろ、長く思い詰めていたにしろ、それを実行するエネルギーは凄まじく、そこに至るまでの苦悩はどれほどだったかと想像し、胸が詰まります。

現在『新潮45』で連載している吃音をテーマとしたルポルタージュでも、先月発売の号に書いたのは、三四歳で自ら命を絶った一人の新人看護師の話でした。ぼくは生前のご本人にお会いしたことはないものの、家族や友人、知人らから話を聞き、彼の苦悩の深さを想像しました。そして、なぜ彼はそこまで追い詰められてしまったのかを何度も何度も考えました。

そこに明確な答えはありませんし、この問題への簡単な解決方法もありません。ただ日本で年間二～三万人の方が実際にそのような形で自らの人生に幕を下ろしているという現実と、おそらくその何倍もの数の人がそのすれすれのところにいることを思うとき、いつもぼくは、長旅の途中で出会ったある人の言葉を思い出します。


それは、長い旅をまさに終えようとしていた二〇〇八年九月、アフリカ南部のマラウイという国にいたときのことです。

ぼくたちは、ヴワザ湿地動物保護区という大きな国立公園のようなところを訪れていました。それは、誰でも行くことができる場所ですが、アクセスのかなり悪い僻地にある上、近くに買い物ができる場所もなく食料をすべて持参して自炊しなければならないといったことから、訪れる人はとても少ないようでした。その分、まさに大自然の中にポンと放り出されたような気持ちになれるところで、このときも自分たち以外には、遠くに一、二組の旅行者の姿が見えただけ。人の気配はほとんどない中、竹とわらでできた簡素な小屋に泊まり、すぐそばにいるゾウの群れを眺めたりしながら二日半を過ごしたのでした。

ただ、いつゾウやカバや水牛に遭遇するかわからず危険なため、公園内を自分たちで歩くことは禁止されています。勝手に出歩いてゾウに襲われて文字通り死にかけた旅行者もいたらしく、小屋を離れて動物を見たいときは、銃を持ったレンジャーと一緒にウォーキングサファリに出なければならないことになっていました。そこでぼくたちも何度かレンジャーにお願いしてサファリに連れていってもらいました。

歩きながら動物を見るのであれば、おそらく動物のとても近くまでいけるのだろう。そんな想像をしていたのですが、実際はそうではありません。逆に徒歩だと危なくて全然動物には近づけないのです。たとえばゾウがいるとします。すると、レンジャーが言うのです。

「まずいよ、気づかれないように逃げよう。音を立てないように急いで隠れよう」

ゾウの群れの動きを見ながらソロソロと逃げ、いかにゾウに気づかれずに移動するかを学びます。また、カバも追いかけてくることがあるので、逃げ方を知らなければなりません。追われたらダッシュしてまっすぐ逃げろ、そして途中で直角に曲がれ。するとカバは

そのままま っすぐに行ってしまうから。そう教わりました。一方、安全なインパラやサルは、近づくとすぐに逃げてしまいます。

そんなわけで、結局どの動物も近くで見られないのですが、本当の自然というのはこういうところなんだと、このときとてもよく実感することができたのでした。

滞在二日目の早朝、二度目のウォーキングサファリに行ったときは、動物があまり現れず、ほとんどただ、まばらに生える木々の間を歩くだけになりました。サファリとしては不発でしたが、そのうち次第にレンジャーの男性といろんな話をするようになり、そのときの会話をいまでも思い出すのです。

彼は一〇代後半から二〇代前半くらいの若者でした。マラウイを出たことはないらしく、ぼくらが日本から来たというと、日本はどんな国なんだ、お金持ちの国なんだよね、きっとここことは全く違う生活をしているんだろうなあと、興味津々な様子で聞いてきました。

そしてこう言いました。

「ぼくたちの国は貧しい。日本は豊かでいいなあ」

マラウイが経済的にとても貧しいことは聞いていました。持っていたアフリカのガイドブックを見ても、世界最貧国の一つであり、エイズの罹患率も高く、平均寿命は四〇歳前後である、とありました。多くの援助が必要であり、人々の生活が決して楽ではなさそうなことは、この国に一週間も滞在すると感じられました。

支援活動をしている日本人もいたし、街中には「〇〇保育園」「〇〇老人ホーム」「クロネコヤマト」といった日本語の文字が書かれた車も数多く走っていました。マラウイの人には、日本は自分たちを支援してくれる豊かな国として認識されているのだろうと想像ができました。だからきっとみな幸せに暮らしているにちがいない、と。

ぼくは彼に言いました。

「日本は確かに経済的には豊かな国だよ。でもそれが必ずしも幸せなことなのかはわからない。ぼくらの国では、一年に三万人もの人が自分で命を絶ってしまうんだ。一日に一〇〇人近くの人が自分で死ななくてはならないほど、苦しんでいる人が多いんだよ」

そう言うと彼は、とても不思議そうな顔をしました。そして、意味がわからないというように聞き返しました。

「自分で死ぬって、どういうことなの？」

「その言葉のままだよ。生きているのが苦しくて、死にたくなって自分で死んでしまうんだよ。マラウイでは、ないの？」

そう聞くと、彼は信じられない、という顔をして言いました。

「そんなことがあるの？　ぼくは聞いたことがないよ。自分で死ぬなんて、どうして……」

ぼくは彼の言葉を聞きながらとても驚かされました。そうか、この国はいくら人々の生活が苦しくとも、自殺がないのかもしれないのだ、と。それはぼくにとって、日本には自ら命を絶つ人が多くいることを知った彼の驚きと同じぐらいの驚きだったかもしれません。そしてそのとき、自分はこれから、自殺がないかもしれない国から年に三万人が自殺する国に帰るんだ、と強く思ったのでした。

それは、旅という一時的な期間を終え、現実の生活に戻るんだと感じさせてくれる経験でもありました。これから自分は、こうした点も含め、日本という自分の国に向き合って暮らしていくことになる。そんな思いがしたのです。

そしてこの日の午後、ぼくたちは川を横切るゾウの群れを眺めながら、帰国することを決めたのでした。

あれから七年。マラウイでの出来事は遠いものになりつつあります。しかし、冒頭のような痛ましいニュースを見ると、このときのことを思い出します。そして、ふと思うのです。レンジャーの彼は、いまもまだ自殺とは何かを知らずに暮らしているだろうか、と。

そうあることを願います。そしてそういう世界があることを自分もずっと、心に留めておきたいと思います。自殺のない世界は決して幻想ではないということを、信じ続けられるように。

（２０１５・９）

旅の生産性

「『旅は非生産的だ』って近藤さんは言っていましたが、どういうことなのでしょうか」

『遊牧夫婦』の旅を終えて日本に帰ってきた直後、二〇〇八年の暮れに、ぼくは一人の友人からそんな内容が書かれたメールをもらいました。

友人というのは、その前年の二〇〇七年に中央アジア・キルギスの首都ビシュケクで知り合った二〇代の女性です。ぼくらが中央アジアを東から西へと移動しているときのことで、彼女は確か一週間ぐらいの日程でキルギスを訪れていて、宿だったかで一緒になったのでした。

それから一年ほどが経ち、ぼくらが五年間の旅を終えて帰国して少ししたころ、彼女を含めキルギスで一緒だった数人と、東京で再会する機会がありました。そのときぼくは、自分たちが日本に帰ってきた理由について彼女にこんなことを言ったのです。

「五年間、ずっと旅の中にいたら、ふと、『おれ、何やってるんだろう』って思うときが出てきたんだよね。ただ移動を繰り返すだけの日々に嫌気がさしてきたというか。旅って、なんていうか、非生産的だし、だからもっと、仕事をしたりして生産的な生活がしたい、って思うようになった。それも日本に帰ろうって思った大きな理由の一つだったんだ」

その場では彼女は特に何も言わなかったものの、ぼくのその言葉が引っかかっていたようでした。そのすぐあとに、冒頭のメールが彼女から届いたのでした。

そのころぼくは、日本に帰ってまだ数カ月しか経っていなく、ライターとしてやっていくかどうかもはっきり決めていない時期でした。京都に住むことは決まったものの、いきなりフリーのライターとして食べていける自信など全くなく、とりあえず理系の仕事に就いて、会社などで働きながら細々と書いていくしかないかなと思い、派遣の登録に行ったりする日々を送っていました。しかし、就職経験が一切なく、五年間海外をふらふらしていた三〇代の自分にとって、就職先を見つけるのは想像以上に困難であるのがだんだんとわかってきました。こちらが興味を持った会社は、どこも会ってもくれませんでした。最初はタイミングが合わないだけかと思ったのですが、何らかの理由をつけられて「会えない」と告げられるケースが続くうちに、そうか、これは拒絶されているのだ、と気がつきました。そして思ったのです。これはもう、覚悟を決めてフリーライターでいくしかないな、と……。

ただ、いずれにしても、何をやっていくにしても、ちゃんと仕事をして、日本で普通に生活できるようにならなければ、という思いが強くありました。そして、旅に対しては、倦んでいたとも言える気持ちを抱いていました。それが言い過ぎでも、旅することに疲れ切り、とにかく、じっくりと腰を据えた生活がしたかった。

その気持ちの中には、自分は三二歳にもなりながら、社会に対してほとんど何も生み出すことができていない、積極的にかかわることもできていない、という焦りのようなものがありました。まずは日本でしっかりと稼いで食べていくということを最低限実現しなければいけない。そのためには自分が何かを生み出さなければいけない。しかし自分にとっては、それが決して容易ではなさそうなことをこのころ実感するようになっていたのです。

そう思うのと表裏一体な気持ちとして、良くも悪くも雑誌の原稿料などのわずかな収入で細々と食いつないでこられてしまった旅中の自分が、やたらと非生産的であったように感じるようになりました。そしてそのことをネガティブに捉えるようになっていました。「旅は非生産的だ」と負の意味合いで言ったのは、当時の自分のそのような状況と内面の表れでした。

そんな時期から、三年以上が経ちました。

いまは一応、文章を書いて最低限食べていけるようにはなっています。生産的でありたいという思いも、それなりに満たされるようになりました。でもその一方、毎日、仕事や子育てに追われ、旅らしい旅など全くできなくなっている中で、過去の旅を思い出しながら紀行文を書いていると、旅をしたい、と思う気持ちが再び強烈に湧き上がってくるのを感じます。

正直なところぼくはこれまで、紀行文の面白さ、魅力というものを、さほど感じたことがありませんでした。それゆえに、もともとは紀行文を書くつもりはなかったのですが、いろいろな経緯から『遊牧夫婦』などを書くことになり、いまもずっと書き続けています。さらに昨年からは大学で紀行文についての講義を担当するようにもなりました。

そうした中、ようやくいま、紀行文は面白いと確信をもって人に伝えられるようになっています。一言でまとめることは困難ですが、それはおそらく、旅というものが人間にとっていかに普遍的で必然的な行為であるのかを、自分自身の旅を振り返りながら文章化することを通じて、実感できるようになったということなのだろうと思います。

旅の持つ普遍的な魅力を感じられるようになるにつれて、自分が三年半前に言った、「旅は非生産的だ」という言葉をふと思い出すようになりました。友人がぼくに対して、「なぜそんなことを思うのか」と、おそらく多少の反感も抱きながら問うてきた気持ちがいまはよくわかる気がします。

そしていまはこう思います。旅は、具体的な何かを生産する行為ではないかもしれない。でも、だからこそ、形では表せない無限の世界をその人の中に生み出すのだろう、と。

（2012・5）

紀行文1

短い旅だからこそ

二〇一四年八月、紀行文を書く仕事でドイツへ飛んだ。空港が発刊しているフリーマガジンの巻頭連載の一回で、今回は、世界最大級のハブ空港があるフランクフルトを出発点として一〇日ほど自由に旅をすることになったのだ。

出発地点のフランクフルト空港に降り立つと、ぼくはひとまず電車に乗って、フランクフルト中央駅まで移動した。到着し、地下から階段を上って地上に出たとき、思わず「あ!」と声が出た。この駅こそが、六年前、ユーラシア大陸を横断したときにドイツに入って初めて降りた駅だったという記憶が、地上階の風景を見た瞬間に蘇ったからだ。壮麗な石造りの駅舎に響く鐘の音を聞きながら、あのときも確か、この鐘の音を聞いてヨーロッパにいるという実感を得たことを思い出した。

そんな回想から始まった今回の旅では、いくつかの町を訪れた。フランクフルトとその近郊で数日を過ごしたあと、その南八〇キロにあるドイツ最古の大学都市ハイデルベルクに行き、そこからさらに南西に移動してフランスへと国境を越え、ヴァイセンブルクという小さな町に一泊してからフランクフルトに戻る、という行程になった。

六年前、中国を出てからユーラシアを横断し、九カ月ほどを経た末にフランクフルトに着いたときと比べると、今回の旅は短かった。いい出会いも感激も多かっただけに、もっとゆっくり見られたら、とも思った。しかし同時にこうも感じた。この感動は、日数が限られた短い旅ならではのものなのかもしれない、と。

年単位の長旅で感じたのとは違った感覚に、ぼくはこの旅の間中、包まれていた。そしてとりわけ強くそう感じたのは、旅も終盤となって、ドイツからフランスへ国境を越え、ヴァイセンブルクを訪れたときのことだった。

フランスへは電車に乗って国境を越えたが、パスポートのチェックがあるわけではなく、風景が急に変わるわけでもないために、国境を越えたのをすぐに気づくことはできなかった。それを教えてくれたのは、携帯電話のフランスでの通話料などを知らせるショートメッセージの着信だった。

窓の外には見渡すかぎり、草原とトウモロコシ畑が続いている。その景色をしばらくじっと眺めていると、家の屋根の形が変わり、通りの表記がフランス語になっているのに気がついた。

何も決めてないままに、ヴァイセンブルクという簡素な駅で電車を降りる。そして屋外のホームの横に設置された小さな駅舎で、町の中心部の方向を尋ね、ぼくは一人、歩き始めた。

この町について知っていることは、ほとんどその名前だけだった。ドイツ語で"Wissembourg"と地図にあり、電車で来られるという情報だけ。勝手に「ヴィッセンブルグ」と読んでいたが、じつは「ヴァイセンブルク」らしいとわかったのも、日本に帰ってからのことである。駅で英語が一切通じなかったのも、知らない土地に来たという感覚を鮮明にしてくれた（ドイツでは多くの人が流暢に英語を話す印象だった）。

全く何も知らない町で、言葉も通じず、文字も読めず、今日どこに泊まるかも決まっていない。その状態で、一人あてなく歩いているのが、このときとても心地よかった。普段日本で生活していてこういうことはまずないと思うと、これがいかに貴重な時間かを実感できた。

これからどんな風景が出てくるのだろう、どんな人と出会うのだろう。そう思いながら、街の中心部に近づいていくと、とんでもなく古そうな建物が次々に見えてくる。そして後から、それらの建物がすべて、一五世紀や一六世紀に建てられて以来、いまもそのまま使われているということを知って、圧倒された。中世に舞い込んだかのようなのだ。

木々に溢れた公園に行ってみると、絵を描いている人がいる。見ると彼とその連れの男性は、ドイツからの電車で、すぐそばに乗っていた二人だった。話しかけると、絵描きはウクライナ人で、その連れの、アシスタントらしい男性はロシア人だった。

「この町でアーティストの集まりがあると聞いて来たんだけれど、どうもなかったようなんだ。ちょっと絵を描いたらまたドイツに戻るよ」

ドイツに住んでいるとのことだったが、ウクライナ人とロシア人だったので、ユーラシア横断中にキルギスで習ったロシア語をちょっとだけ話してみた。

「ヤ・ハチュー・チョルネイ・コフェ」

唯一自信を持って言えるこのフレーズを口にすると、ロシア人の男性が、「あはは」と笑った。——ブラックコーヒーをください。一カ月も学校に通って勉強しながら、いまはほとんどそのひとことしか言えないのが残念だったが、そのフレーズとともにキルギスの景色が思い浮かんだ。そして、極寒の季節のあの国で、カフェに入り、習いたてのロシア語でコーヒーを注文するときの喜びが蘇った。

そのうちに、この年に発生したウクライナとロシアの間の衝突を思い出し、二人はその問題についてはどういう会話をするのだろうかとも想像したが、それは想像だけに留めつつ、ウクライナ人の男性が雲にいろんな色をなでつけていく様子を、ぼくはしばらくそばで眺めた。

こうしてすれ違う一人ひとりに自分と同じだけの人生の広がりがあることが、当然ではありながらも、ときどきすごく不思議になる。そして、それまで全く別な道を歩んできた人と偶然に人生が交差して、ある一瞬を共有できることが奇跡のようにも思えるのだ。いま、目の前にいる二人はどうしてドイツに住んでいるのだろう。どういう人生を送ってきたのだろう。そんな想像をするだけで、世界はぐっと広くなるような気がしてくる。

ヴァイセンブルクでは、一つひとつの何気ない景色に心が動かされ続けた。何も調べずにここに来たのがよかったのかもしれない。旅が終盤に入っていたということもあるいは関係していたのかもしれない。しかし、一番の原因は、もしかすると旅が短いからなのではないだろうか。ぼくはこの町に来てそう思うようになった。

一〇日という限られた期間だと、毎日のように一期一会の出会いが訪れ、後ろ髪を引かれながら町を発つということが繰り返される。もちろんそのぶん、それぞれの町のことはほとんどわからないままになるけれど、いい出会いがあったときや、町にぐっと惹かれたときは、時間が短いからこそ、その瞬間が貴重に思え、明日出ないといけないからこそ夕焼けが心にしみるようにも感じたのだ。この感慨は、『遊牧夫婦』の旅で得た感覚とはきっと別種のものである。それがとても新鮮だった。

夜八時ごろ、まだ日が落ちていない中、何百年も前の建物に囲まれながら、賑う店のテラス席で夕食を取った。メニューがフランス語で読めなかったため、近くの人が頼んでいたピザ様のものとビールを一杯注文した。

夕日の赤い空の中、影がかかっていく周囲の建物を眺めていると、これらの建物を作った人がみなすでにこの世にいないということがとても不思議に思えてくる。そして、その建物一つひとつに染み込んでいる無数の人生の重みを感じ、いま自分が、この数世紀もの間にこの町で生きてきたすべての人に見守られているような気持ちになった。

街が五〇〇年もの間変わらないままなのは、人々が、経済性などよりも大切にすべきものがあると確信してきたからではないだろうか。効率的に生きることにどうしてそれほどの価値があろうか。そんなことより、いま目の前にいる大切な人と素敵な時間を過ごすことの方が大事に決まっているじゃないか。誰でも生きられる時間は限られている。だから、一日一日を楽しみながら、大切に生きなさい——。そんな声が聞こえてくるかのようだった。

これまで、旅は長いに越したことはないと思う気持ちがどこかにあった。しかし必ずしもそうではないことに気づかされた。長い旅には長い旅でしか得られない深い感動があるように、短い旅には短いからこその鮮烈な感動があるのだ、と。
　そしてそう思ったとき、ぼくは、自分の中でずっと巨大な位置を占め続けてきた五年間の旅に対して、一つの区切りをつけることができたような気持ちになった。

（2014・9）

第二部

自分にとっての書くということ

二〇代、まだ何も始めていなかったころ

二〇一四年一月から不定期で月刊誌に連載してきた、吃音をテーマにしたルポが、ようやく今月発売の号で最終回を迎え、書籍化へと動き出すことになりました。振り返ると、結局一年に一、二本ずつしか形にできず、今回で最後とはいえまだ七回目でしかありません。

取材を始めてからはもう四年以上が経ちます。ノンフィクションの連載を、初めて最後まで書き切れたことを嬉しく思う一方で、なかなか頭で想像するようには進められなかったことを改めて感じています。この取材を通じてようやく、ノンフィクションを書くとはどういうことかを肌で知れたような気がしています。

ぼくがノンフィクションを書きたいと思うようになったのは大学時代、二〇年近く前に

遡ります。高校時代までは理系の道しか考えず、自分で何かを書くことはもとより、本を読むこともほとんどないほど文筆とも文章とも無縁でしたが、いくつかのきっかけを経て、大きく方向を転換することになりました。その重要なきっかけの一つとなったのが、沢木耕太郎さんのノンフィクション作品との出会いでした。

大学卒業直前にインドを一カ月ほど旅した後に『深夜特急』を読んだのを皮切りに、沢木さんの作品を次々に読み進め、そこに描かれたノンフィクションの世界にぼくはかつてないほど惹かれました。そして自分も書きたいという思いが芽生え、大学院修了後、掲載されるあてもないままに、取材し、ルポルタージュを書き始めたのでした。

これといった専門の分野もなく、文章を書くのが得意というわけでもない自分が書けるとすれば、いったいどんなテーマだろうか。考えた結果、四つほどのテーマを選び、取材らしきことを始めました。さらに、一年後には日本を離れ、所持金が尽きるまで何年か旅をしながらライター修行のようなことをしようと考えるようになっていて、なんとか旅立ちの前に、自分で書いたルポルタージュを、少なくとも一本は雑誌掲載にまでこぎつけたいと思っていました。

沢木さんの『敗れざる者たち』や『人の砂漠』といった作品を教科書とし、また学生時代にお世話になったジャーナリストの方にもアドバイスをもらいながら、なんとか原稿用紙五〇枚ほどのルポルタージュを二本、書き上げました。それらはいずれも、掲載のあてがあるわけでもなく、ただ自分で書いたというだけのものです。しかし、どうしても沢木さんに読んでもらいたく、思い切って、自宅のプリンターで印刷したものを出版社を通じて沢木さんに送りました。じつはその前にも、インドについての紀行文を送っていて、二度目のことだったのですが、このときは、自分がこれから旅をしながらルポルタージュを書こうと思っていること、どうしてもその旅立ち前に沢木さんに感想をいただきたいということを、同封した手紙に、思いを込めて書き綴りました。

厚かましいお願いであり、連絡をもらえるのを期待するのはあまりにも虫がいいと我ながら思っていました。しかしながら、それから確か半年ほどが経ち、日本を出る一週間前ぐらいになっていたある日、沢木さんが携帯に電話をくださいました。そして感想や今後へのアドバイスを伝えてくださったのです。その電話は、自分にとってこれ以上なく大きな励みとなりました。その後、妻と五年半にわたって旅を続け、なかなか先が見えないながらも書き続けてこられたのには、間違いなく、沢木さんからいただいた一本の電話が大きな後押しとなっていました。

そしていま、いよいよ自分でもノンフィクションらしい本を仕上げるという段階になり、ふと、沢木さんの作品の中でも特に意識に上ることが多い『テロルの決算』を読み返したくなり、久々にパラパラとめくり、最後の二章分を再読しました。

最初に読んだのは、おそらくいまから一五年以上も前のことです。そのときと同じ、紙がすっかり茶に変色した文庫本を手にして文章を追い、その内容のすごさに驚愕してしまいました。かつて読んだときももちろん面白いと思ったものの、ここまでの、震えるような感激はなかったように思います。おそらくいま、一応は同じ土俵に立ち、なんとか十数年の間、書き手として悪戦苦闘しながらも生きてきたことによって、沢木さんのこの作品のすごさが自分なりに理解できるようになったのだろうと感じています。

文章を書くのも読むのも本当に縁遠かった学生時代の自分が「自分も書いてみたい」と思うようになったのには、沢木さんの文章が、文章を読む経験が極めて浅かった自分にもすんなりと染み入り、心地よく読めるものだったことと関係があります。さらに、恥ずかしいほどおこがましくも、「もしかしたら自分にも書けるかもしれない」というありえない勘違いをさせてもらえたことが、書いてみようと決心できた大きなきっかけとしてありました。

ぼくはいまでも、いい文章というのは読者にそう思わせる力があると、どこか思っているところがあるのですが、いま読み返すと、当時は気づくことのできなかった沢木さんの文章の行間というか、氷山の海中に隠れた部分というか、背後に潜むものすごい技術や力量が感じ取れます。取材の際の数々のハードルどう乗り越えるかや、構成の工夫、言葉の選び方や文章のリズム、そして著者の思考……。そのいずれもが極めて高いレベルで検討、決定されてでき上がっている作品であるのが自分なりに想像でき、感嘆させられるのです。しかも、当時沢木さんがまだ三〇歳前後という若さだったことにも改めて驚かされてしまいます。

その、沢木さんの、まさに至高の文章をいま読みながら、この同じ本を手に取っていた二〇代だったころの自分をふと思い浮かべました。あのとき、職業的に文章を書いていくというのがどういうことかを全く理解していないまま「もしかすると自分にも書けるかもしれない」などと思っていた自分は、実際に文章を書き出した後の自分自身をどのように思い描いていたのだろうか、と。

日本を離れ、旅をしながらライターとしてやっていくなどとても成立はしないだろう、数年したらあきらめて帰国することになるのだろう。そう思う気持ちがあった一方、全く逆に、自分も沢木さんのように、二〇代、三〇代のうちに、さまざまな作品を形にして世に問うのだ、それも可能なのではないか、と思う気持ちもまたあったように思います。

しかし、現実はそのどちらにも進みませんでした。あきらめて帰国してライターを断念することもなかった一方、ノンフィクションの作品を次々に形にするなどという状況は程遠く、いまも、沢木さんがいかに大きな存在かという実感を年々深めるばかりです。

沢木さんは『テロルの決算』をはじめ、三〇歳になろうというころにはすでに、いまなお全く色あせることのない傑作をいくつも世に出していた一方で、自分はいま、まもなく四一歳になろうという段階で、紀行作品を出すことはかなったものの、自分が思い描いていたようなノンフィクションらしい作品については、ようやく一つ形にできる道筋がなんとか見えてきたばかり、という状況なのです。

あのころ、二〇代でまだ何も始めていなかった自分は、おそらく自分がいつか四〇代になるということすらも想像できていなかった。だから四〇代になってどんな仕事をしているか、どんな生活をしているかなど、思い浮かべられるはずもありませんでした。

でもいま、当時と同じこの一冊の文庫本を手に持って開いてみて、沢木さんの文章に対する自分の思いの変化を感じながら、ふと当時の自分に出会えた気持ちになっています。本を顔に近づけて目をつぶると、一瞬自分が二〇代に戻ったようにも錯覚しました。

ライターを志したころ想像したようには進んでいません。やはり、人生は思い描いたようにはいきません。でも、想像するようにいかないからこそ面白く、日々を懸命に生きる意味があるのだとも思います。

ただとにかく、自分の人生に向き合おう。

自分はとにかく、いま自分がやるべき仕事を最高の形で世に送り出そう。

そんな思いを込めながら、四年間書き進めてきた自分のテーマを、これから一冊にまとめていこうと思っています。

（2017・7）

話を聞いてわかること

先日、吃音に関する取材で、四日ほど北海道を訪れました。ある人の人生を辿ることが目的で、その方の家族、友人、先生など、身近な方に可能な限り会い、話を聞かせてもらいました。

その方は二年前の二〇一三年に、三四歳の若さで亡くなりました。彼はその四カ月前に看護学校を卒業し、看護師として病院での勤務を始めたばかりだったのですが、吃音という問題を抱え、職場でさまざまな苦難に直面した結果、自ら人生に幕を下ろしたのでした。

ぼくがこの男性のことを知ったのは、彼が亡くなった後のことです。最初はニュースで知り、その後、昨二〇一四年、吃音の関係者が集まる場でそのお姉さんの話を聞きました。それをきっかけにその二週間後に彼の地元である北海道を訪れて、ご両親とお姉さん、友人の一人に会いました。

そして今回、その男性の人生についてさらに深く知るために、四日間という限られた時間ではあったものの、男性とさまざまな時期に親しかった人たちに話を聞いていったのでした。


日本を出て、文章を書いてなにがしかの報酬が得られるようになってからすでに一〇年以上が経ちますが、人物について書くことは、自分にとって最も心を惹かれる仕事であると同時に、毎回、どうやって描いたらいいのだろう、これでいいのだろうか、と途方に暮れ、その難しさに悩まされる分野でもあります。

文章として形にするという点だけで言えば、人物を書くことが他の対象を書くのに比べてとりわけ難しいということはないかもしれません。ただ、書き上がったあとも、これでいいのだろうかと繰り返し悩み、実際に形になってからも、本当にこれでよかったのかと考え続け、ふと何かの拍子に思い返してはっとするということが多いのです。

複数の人に話を聞いてそれらをつなぎ合わせると、一見それらしいストーリーを作ることは可能です。しかし、人の話を聞いてわかるのは、その人についてのほんの一部のそのまたほんの一部でしかありません。

それは書くべき対象となる本人に話を聞いた場合でも同じです。ある事柄について、本人に直接尋ねても、その人が必ずしも本心を語ってくれるとは限らないし、そのときどきの気持ちなどによって答えが変わることも多々あります。また何よりも、その人にとって最も核となる部分は、本人でも言葉にできないぼんやりとした感覚的なものであるということが往々にしてあるのです。いや、むしろそういうことがほとんどなのかもしれません。

そこをどうやってクリアし、その人物の本質を捉えた文章を書けるかには、話を聞く側の意識、経験、相手との関係性、そして技術など、さまざまな要素が関わってきます。そこに決まった「正しいやり方」はなく、毎回毎回どうするべきかは異なります。

人が何を考えているか、どんなことで悩んでいるのか、本当のところは知り得ない。それは、自分が人の話を聞いて文章を書く上での一番大切な心構えとして、常に意識していることです。自分自身について他の人が知り得ていることを想像してもそう思いますし、自分の最も身近な人について、自分が知っていることを思っても、そうなんだろうと感じます。だから、ましてやインタビューなどの形で会ってしばらく話を聞いたぐらいではまず人の核心部分には触れられないし、取材によっていくら複数のエピソードを集めてみてもやはりそれは同じであろうことは、どうしても自覚しなければならないと思うのです。決してわかった気になってはいけない、と。

それでも、文章にするにあたっては、人から聞いた話を元にどうしても何らかの形を浮かび上がらせないといけないし、広い意味で、一つの物語を紡ぎあげる必要があります。そこに、人を取材して書くことの難しさがあるのです。

その点に関して、書き手にとって大切なのは何よりも、わかりえないことが必ずあると認め、でも、できる限り相手のことを理解しようと全力で耳を傾け、その上で、その人の核心部分はなんだろうかと十分に悩み、考えること。そして、文章によって表現する上でのさまざまな制約や限界を意識しつつ、その中で自分が伝えられることは何かと、誠心誠意考えて、文章として描き出そうと努力することなのだろうと思います。

書き手が、自分の知っていることはわずかでしかないという謙虚さを持ち、かつ書いて伝えられることの限界を意識しつつ最高のものを書こうとすれば、その姿勢は必ず文章の端々ににじみ出ます。それはとりわけ、ちょっとした表現や言葉遣い、語尾などの細部に表れます。自分は、そうして微かにでもにじみ出る書き手の意識や人間性こそ、文章の命であると思っています。そういった部分こそ、読み手がその文章に惹かれたり、心を動かされたりする上で重要であるのだと考えています。

この文章を書きながら、北海道の美しい風景を思い出しています。着いた日の快晴の空と、果てしなく広がる緑の大地。高速道路の両側にどこまでも連なる青々とした田畑と、ロシアへと続く静かな海。そうした風景を眺めながら、レンタカーの黒い軽自動車で町から町へと移動しては、男性の人生を追いました。

北海道を離れる前、最後に寄ったのが、彼が暮らしていたマンションでした。亡くなる日の朝、男性は一度外に出て、最後に必要としていたものを購入して再び部屋に戻っていったことがわかっています。そして彼はその部屋で、自らの人生を終えました。

ぼくは階段を上がり、四階のその部屋の前に立って、外の風景を眺めました。そして彼が、何を思いながらこの階段を上がり、その日ドアを開け、部屋に入っていったのだろうかと想像しました。

たった四日間ではあれ、家族をはじめ身近な方たちが、ときに笑い、ときに言葉に詰まりながらそれぞれに思い出を語って下さる場にいさせてもらう中で、男性の声がふと聞こえてくるように思える瞬間もありました。自分にとっても彼が友だちであったような気持ちになることもありました。

そうした体験を心に留めて、ぼくはその部屋の前で一人、何度も彼に問いかけました。あの日あなたは、どのような思いで、この部屋の中へと入っていったのですか、と。


自分にわかることは、本当に限られています。

それをよく自覚しながらも、なんとかこの滞在で自分の中に詰め込んだものを、自分なりに形にして、多くの方に読んでもらいたい。そして、この男性がどう生き、なぜ亡くならなければならなかったのかについて、少しでも多くの人に知ってもらいたい。そう強く思いながら、どう書くべきかを、いま考えています。


（2015・7）

思い出すことが糧になる

二〇一五年九月、ライター・編集者の青山ゆみこさんが、『人生最後のご馳走』を出版しました。青山さんは、信頼している書き手であり、友人です。その彼女の初の著書ということで、読むのを楽しみにしていました。

舞台となるのは、大阪にある「淀川キリスト教病院ホスピス・こどもホスピス病院」です。ホスピスとは、がんなどの悪性腫瘍を患った末期の患者が、できるだけ苦痛を軽減された状態で最後のときを過ごせるようにするための場所で、このホスピスも「末期がんで余命が2〜3カ月以内と限られている方が主な入院の対象」、一五床ある成人病棟の「平均在院日数は約3週間」とあります。

二〇一二年にオープンしたこのホスピスの特色の一つが、毎週土曜日の「リクエスト食」です。前日に患者が好きな料理をオーダーして、専属の調理師の方が心をこめて作ってくれるというものです。それは患者が、まさに人生の最後の段階で食べたいと願って注文するメニューです。その料理に患者のどんな思いが詰まっているのか。一四人の患者に尋ね、一つの料理をきっかけに振り返るそれぞれ人生の一コマを丁寧に描き出したのが本書です。

大きな反響を呼んでいるのが納得できる一冊で、詳細はぜひ本書を読んでもらいたいのですが、多数出ている書評や感想を読んで感じるのは、おそらく読者の一人ひとりが、何かしら自分の経験と重ねてこの本を読んでいるのだろうということです。自分だったら何を最後に注文するのか。あの人が最後に食べたいと思ったものは何だったろうか。ぼくも読みながら何度もそうしたことを想像し、たびたび心を揺さぶられました。

その一方で、個人的には、料理の話とは離れたところでも、この本から、大きな気づきを得ることになりました。本書のある部分を読んでぼくは、自分の中に深く刻まれた過去の出来事に、新たな光が照らされたように感じたのです。この本の中心的なテーマからは少しずれてしまうかもしれませんが、今回はそのことを書きたいと思います。

その「ある部分」というのは、あとがきの中で青山さんが自身のインタビューについて振り返る次の箇所です。

正直なところ、皆さんの限られた時間に、「初めまして」とのこのこ乗りこむような行為について、どこか申し訳ないような思いがあった。医師でも看護師でもない、食で患者さんをケアするのでもない。私という人間は、この人の人生にとって何の意味があるのだろう。貴重なお時間を奪うだけではないのか。

そんなふうに立ち止まったとき、すがるように思い出すことがあった。それは副院長の池永昌之先生から教えてもらった、病院としてこの取材に意味があると判断した理由のひとつである「自分史セラピー」というものだ。

自伝療法とも呼ばれる自分史セラピーは、ニュージーランドにあるホスピスで始まった療法で、例えば、ボランティアの元新聞記者が、末期がんの患者さんに自伝を書きませんかともちかける。子どもの頃、学生時代、結婚生活など人生を振り返ってもらいながら、嬉しかったことや患者さんにとって大切なことを思い出してもらう。患者さんご自身にまとめる力のない場合は（ほとんどの場合はそう）、取材者が文章にまとめる。文字にしたものは、可能であればご本人に、そして家族にも渡す。

（『人生最後のご馳走』「おわりに」より）

この部分を読んだとき、はっと気づかされることがありました。ぼく自身、インタビューをする際によく、見ず知らずの人の人生について、限られた時間でただ話を聞いただけで、多かれ少なかれわかったように書かなければならないことの居心地の悪さを感じていて、それがきっと青山さんの言う「申し訳ないような思い」と重なる部分が多いのだろうということがまずありました。

しかしそのこと以上に、先の文章を読んでぼくが胸の痛みを伴いながら思い出したことがありました。それは、一七年前に亡くなった自分の祖母のことでした。

祖母というのは父方の祖母で、ぼくにとって、生まれたときから一緒に暮らしてきた最も身近な家族の一人です。ぼくの家族は、五歳下の妹が生まれてから祖母が死ぬまでの間はずっと、両親、兄、自分、妹と祖母の六人でした。

兄も妹もぼくも、優しかった祖母になついていて、何かあれば祖母の部屋に行くという、典型的なおばあちゃん子として育ちました。

いま思えば、そのことで少なからず母親にはつらい思いをさせたのだろうと、自分が親になってみて感じるのですが、とにかく祖母は自分にとって「第二の母親」と呼べる存在でした。自分が小学生だったとき、祖母が半年ほど家を離れて暮らした時期があったのですが、ぼくは祖母と離れるのがとてもつらくて、自分は半年も祖母と別々に暮らせるのだろうかと真剣に悩み、一人でしくしくと泣いたのをよく覚えています。

それくらい身近で大切だった祖母は、特に病気をすることもなく元気に年を重ねていったのですが、七〇代になって一、二年が経ったころだったかと思います、徐々にふさぎこむようになりました。いろいろと原因はあったものの、病院にいくと「老人性うつ病」と診断されたようでした。

祖母はしかし、自分がそのような病気であるのを認められませんでした。いまでこそうつ病は、誰もがかかりうる一般的な病気だと言っていいと思いますが、時代ゆえか世代ゆえか、それとも祖母個人の性格なのか、とにかく祖母は、うつ病というものに対して強い負のイメージを持っていたようでした。自分がそんな病気になるはずはない、自分が精神的に病むなんて考えられない、と。

とても聡明で、何事においてもきちっとしていて、かつ毎日のように習い事などに出かける活発な人だっただけに、元気を失っていく姿を見るのはつらいものがありました。自分はそのころすでに大学生となり、祖母への感情は、幼少期とはまた違ったものになっていましたが、「おばあちゃんはどうやったらよくなるのだろう、何か方法はないものだろうか」とよく考えました。

そしてそのころ母親から聞いていたのが、次のようなことでした。

「よくなるためには、おばあちゃんが自分自身の七〇年間の人生を振り返ってあらゆることを思い出して、自分の内面を見つめ直すことが必要なんだって」

祖母が、医師にそう言われたとのことでした。

それを聞いて、思いました。そんなの無理ではないか。それはつまり、よくならないということなのではないか、と。ぼくはそのとき、どうやったら祖母にそんなことができるのか、全く思い至らなかったのです。

そして一九九八年、ふさぎこみだしてから三年ほどが経ったのち、祖母はそのままよくなることなく、七五歳で亡くなりました。

自分が大学三年生のときのことでした。ちょうど免許合宿に行っていて、仮免許の試験を終えて発表を待っているとき、叔父からの電話で祖母が病院に運ばれたのを知りました。急遽帰って病院に行くと、祖母はすでに呼吸器を取り付けられた状態で意識なく横たわっており、そのまま意識を戻すことなく、三日後に息を引き取りました。

祖母の死は、自分にも家族にも大きな影響を与えました。祖母はよく、「ゆうきちゃんは性格が私によく似ているから気持ちがわかる」と言っていて、ぼくも同じように感じていました。それゆえとても近い存在であったのと同時に、祖母の様子に自分を重ね、いつか自分も、同様に苦しい状態になるのかもしれないと、ある種の恐怖感を抱くようにもなっていました。当時はとりわけ吃音による悩みが大きく、気持ちが不安定だっただけに、そんな思いが特に強くあったのです。

そして、祖母の死は、その後自分が長期の旅に出ようと決断するきっかけの一つにもなりました。思うところがあってそのことは『遊牧夫婦』などの本の中では一切触れていないのですが、本当は触れなければならなかったといまも思っているほど、彼女の死は、自分にとって大きな出来事でした。

ぼくはその後もずっと、祖母がよくなることは難しかっただろう、七〇年間を振り返り、見つめ直すことなど容易にはできないのだから、と思い続けていました。

しかし今回、青山さんの本を読み、自らの死と向き合いながら過去を思い出して安らかな気持ちになられているだろう方たちの姿を思い浮かべ、さらに、「自分史セラピー」という考え方があるのを知って、初めて気づかされたのでした。祖母が、彼女の七〇年間を思い出すことは決して不可能ではなかったのかもしれない、と。そしてもし当時、自分がすでにいまのような仕事をしていたとしたら、自分が聞き役になることができていたかもしれない、と。

そうしたらぼくは、祖母に何を聞いていただろうか。祖母は何を思い出し、どんな表情を見せてくれていただろうか。

もちろん、自分が話を聞いていれば祖母が回復していただろうなどという甘い幻想は抱いてなく、すべては仮定の話でしかありません。

ただ、そんな想像をすることで、この仕事を続けていく意味を改めて気づかせてもらえたような気がします。そしてさらに、祖母がいまなお自分に新たな気づきを与えてくれるように、誰にとっても、大切な人の人生は、各人の中でさまざまな形で生き続けているのだろうことを強く感じたのでした。

青山さんが寄り添って聞き役を果たしたからこそ最後に思い出すことができたのかもしれない、それぞれの方の人生の大切な一瞬が、『人生最後のご馳走』には詰まっています。ますます多くの方がこの本と出会いますように。

（2015・11）

お金がないっ！

突然ですが、ここ数カ月、収入が大幅に減ってしまって参っています。さらにいろんな事情が重なって、現在、経済的に急激な低空飛行に入っています。

理由を考えるとそれなりに見当はつくものの、最近四年ほどそこそこ安定してきたものがこれほど急に崩れていきそうな状況にかなり動揺しています。その上、長女が今月から小学生になり、交通費もかかり始めるし、よく食べる。いや、まあそれは些細なことであり、喜ばしいことでもあるのですが、とにかく諸々で侮れなくお金がかかり、もともと脆弱な我が家の貯金がみるみる減っていく様子に、ときどき真っ青になっています。娘たちが、ガチャガチャがしたいからと行きたがるファミレスのガストに行って、価格が安いからという理由で単品のミートソーススパゲティに触手が伸びる有様です。フリーで生計を立てることの心もとなさをこんなに感じたことはありません。

　小さなプライドもあってひとこと加えると、決して仕事がなくなったのではありません。むしろ、貧乏暇なしを体現するかのごとく仕事から抜け出すことができずにいます。

　ただここ最近、依頼を受けての仕事を少しずつ減らし、自分が本当に書きたいと感じるノンフィクション的仕事にできる限りの時間を割くようにしてきました。しかし、そのようなノンフィクションの仕事、すなわち、自分でテーマを決めて取材を重ね、隠れた事実を掘り起こしていくような仕事に正面から取り組もうと思うと、猛烈に手間も時間もお金もかかります。やりたいのならば、それでもなんとか方法を考えてやるべきだと思ってはいるものの、実際にそれで生計を立てようとすると、いきなりその入り口で生活が成り立たなくなりそうな現実にぶつかって、途方に暮れてしまっているというのがいまの自分の状況なのです。ノンフィクションの作品の執筆を主たる収入源として生活している人は本当にすごいといまつくづく感じるとともに、自分の圧倒的な力不足を実感しています。

　その焦りがあるからか、最近は、原稿自体もなかなかうまく書けません。もともとの遅筆がさらにいっそう遅くなり、一つの仕事にものすごく時間がかかる。他の仕事が後ろにずれ込み、さらに収入が得られる時期が遅くなってますます焦るという悪循環に陥っています。この原稿も、どう書いていいものかすごく悩み、何日も格闘し何度となく構成を変えています。この問題を軽快に書くのも違和感があるし、シリアスに書いて心配されたりするのもいやだなあ、などと思いつつ。

現在の状況は、シンプルに言えば、「食べていくこととやりたいことをいかに両立するか」という永遠のテーマに集約されるように思います。まだ若いから、という時期をとうに過ぎて、人生が中盤から後半に向かおうとするいま、この問いがとても重くのしかかってきているのです。

『遊牧夫婦』の旅中は、我ながらこの問題をうまくやりくりしていました。日本と他国の物価の差を利用してというのは、決して自慢できることではないけれど、旅をしながら行き当たりばったりに仕事をし、結局、計五〇〇〜六〇〇万円で五年以上も好き勝手に暮らし、移動して、さまざまな経験ができたのは本当にいま思うと奇跡のようです。

あのころは、お金の心配ももちろんそれなりにあったのですが、それ以上に仕事に関する心配や不安が大きかったように思います。文章を書いて生きていくなんていうことが自分にそもそもできるのか、こんなことを異国の地で細々とやっていてこの先大丈夫なのだろうか。そう自問する日々が続きました。物書きをやっていく上で自分には決定的に何かが足りないのではないかともよく思いました。特に不安が大きかったのは中国・雲南省時代ですが、当時の自分自身の気持ちについて、本の中では次のように書いています。

東南アジアでは少しずつ仕事が増えていく感覚があったものの、昆明に来てからはすっかりペースが落ちていた。週刊誌や月刊誌に企画を出したり原稿を送ったり、公募の賞に応募したりということを地道に続けてはいたのだが、どうもうまくいかなかった。たまに雑誌にルポや記事を掲載してもらえることはあったけれど、本当にそれは数えるほどでしかなかった。そして応募した賞にはすべて落選した。

書いて稼げた金は本当に微々たる額だったが、昆明の物価だとそれでもそれなりに優雅な生活ができてしまうのもまたよくなかったのかもしれない。だが上海に行けば、このままでは生活できないのは明らかだった。

「ああ、おれはだめなんじゃないか」と落ち込んだことは一度や二度ではない。自分にはやはり物書きなんて向いてないんじゃないかと思ったことも何度もあった。

他に何か自分にもっと合った仕事があるのではないか。そう思い、自分に何ができるか、自分は何をしたいのかと考えることも少なくなかった。しかし考えてみた挙句、いつも他に何も浮かばなかった。自分はやはり、物を書いていきたい。なんとかその道を続けていきたい。そんな気持ちと現実の間を行ったり来たりしていた。

（『中国でお尻を手術。』 16 滞在一年。中国での職探し）


これは、日本を出て二年以上が経っていた二九歳のときのことです。ああ、懐かしの年収三〇万円時代……。それでも結果として五年間、右往左往しながらも一応はやってこれたことは、一つの自信になっています。やり続ければ、なんとか道は開けるものだ、と。

その気持ちは、いまも基本的には変わっていません。しかし、苦しくなってどうしてもそう思えなくなるときがあります。自分の中の何かが揺らぎ、不安が大きくなってくると、周囲の人がみなうまくやっているように見えたりするし、自分はこの道のままでやっていけるのだろうか、という気持ちが湧き上ったりもするのです。

でも一方で、誰でも多かれ少なかれ問題を抱え、前進したり後退したりを繰り返して悩みながら生きていることも頭ではわかっています。そしてそういうときはきっと、問題を真正面から受け止めて、苦悩し、考えて、自分が信じることをやっていくしかないのだろうと思います。

前向きに解釈すれば、いま直面している経済的な問題が、さまざまなことを振り返り、見つめ直すきっかけを与えてくれているとも言えます。うまく書けなくなっているのも、自分の葛藤の現れであり、一歩大きな前進をするために必要な行程のようにも思います。そう思いたい。

悩んだ先には必ず何らかの出口があるし、それまで見えなかった世界も見えてくるはずです。だからこそ、いまは存分に悩み抜かなければ、と自分自身に言い聞かせています。文章にはきっと、苦悩し、行き詰まることでしか、書けないものがあるのだから。

（2016・4）

七年前の旅を書き直す

拙著『遊牧夫婦』が文庫化されることになり、大幅な書き直し作業を行っています。単行本とは異なる出版社からの文庫化となるために、オリジナル版と文庫版とで違う作品のようにしたいと思ってのことです。

すでに刊行から七年近くが経った単行本を久しぶりにじっくりと読み返していますが、いまならこうは書かないだろうと感じる箇所が多くあるのに気づかされます。七年の間にいかに自分の文章が変化したかを、作業を進めながら感じています。

もともとぼくは、本には全然興味が持てず、子どものころはほとんど読まずに育ちました。読まないどころか「嫌い」と言っても過言ではないレベルで、幼少期から高校卒業までに読んだ本の数はおそらく、通算一〇冊もないほどだし、大学の合格発表のときも、掲示版に自分の名前を見つけてまず思ったことの一つが、これでもう国語を勉強しなくていいんだ、本も読まなくてもいいんだ、ということでした（つまり、本を読むことが受験勉強としかリンクしていなかったということでもあります）。

ところが、自分でも驚くべきことに、その後いくつかのきっかけを得て文筆業を仕事にしたいと思うようになり、それならばもっと本を読まなければと、文豪の古典などを中心にようやくある程度本を読み始めたのは大学四年になったころのことでした。

それから数年が経った二〇〇三年には日本を離れ、ライター修行を兼ねた長い旅に出ます。旅中はなかなか本を手に入れることができなかったため、結局、それほど量を読まないままに仕事として文章を書き始めることになりました。そして二〇〇八年に帰国し、その翌年から本格的に『遊牧夫婦』の執筆に着手したのでした。

それから現在に至るまでの七、八年間は、これまでの分を取り戻すべく、遅読な自分なりにあれこれと読んできました。恥ずかしながら、そうした時期を経たいまようやく、文章を読む楽しみや、本がそばにある幸せを純粋に感じられるようになりました。そして同時に、自分自身、読んでいてどんな文章が心地よいのか、書き手としてどんな文章を書きたいのか、ということがだんだんとはっきりわかるようになってきました。

いま自分が書きたい文章をひとことで言えば、次のようになります。

《内容や素材の力を最大限に引き出すシンプルさと、力強さ、優しさがある文章》

『遊牧夫婦』を読み直すと、当時の自分が、それとはかなり異なる感覚を持っていたのがわかります。すなわち、文章表現そのもので何かをしようとし過ぎていたというか、伝えるべき内容そのもの以上に、言葉に装飾を施すことに力を入れ過ぎていたように感じるのです。

それゆえに、あの作品をいま新たな形で世に問えるとすれば、現在の自分自身が希求する文章に近づけたいという気持ちが強くあり、それをできる限り実現すべく、かつて書いた文章に手を加えていっています。

書き直しをしていくうちに一つ、ふと気づいたことがありました。それは『遊牧夫婦』の次の部分を読んだときのことでした。日本を出て約一〇カ月が経とうとしていた二〇〇四年四月、オーストラリア大陸をバンに乗って北上していたころ、ライターとしての仕事が思うように進まず焦っていた気持ちを書いた部分です。当時からいまに至る自分の気持ちの変遷が蘇ってきました。

オーストラリア生活もすでに十カ月近くがたっていたが、書いたのは隔月連載の短編人物ルポ四回分だけでしかなかった。英語力がまだ不十分だとか、英語だと日本語のとき以上に吃音（どもり）がじゃましてちゃんと話すのが難しいとか、バンの日々は移動続きでなかなかじっくり取材ができないとか、そういう言い訳もあったけれど、もっとも問題だったのは、自分自身にまだ、文章を書いて食べていくという決心、あるいは覚悟のようなものが十分になかったことだと思う。こんなんで自分は大丈夫なんだろうかと思ってしまうことも少なくなかった。

果てしなく思えるオーストラリア大陸の上でハンドルを握り、その広大さに圧倒される一方、ぼくはいつもそんなことを考えていた。自分にはこの旅を生活とし、自分にとっての「何か」にするだけの覚悟が本当にあるのだろうか、と……。

（『遊牧夫婦』13　ダーウィン到着）

この当時からさらに四年以上にわたって、旅をしながら文章を書いてきましたが、「文章を書いて食べていくという決心、あるいは覚悟のようなものが十分になかった」という点は、帰国し『遊牧夫婦』を書いていた二〇〇九年ころも、そう大きく変わってはいませんでした。つまり、日本に帰ってきてからもぼくは、書き手としてのプロ意識を十分に持つことができずにいました。それはいま思えば、旅をしながらの五年間で自分なりに書く経験を積んできていたとはいえ、もともと自分があまりにも本や文筆という世界からは縁遠い人間だったため、文筆業を生業としようとしている自分自身をどこか信じられずにいた、ということだったのだと感じます。

日本で暮らし始めた後、とりわけ明確にそのことを感じたのは、作家・石井光太さんの著書『遺体　震災、津波の果てに』を読んだときのことでした。二〇一一年一〇月に刊行されたこの本は、石井さんが、東日本大震災の直後から岩手県釜石市の遺体安置所に詰め、そこでの壮絶な風景と人間模様を描きだしたノンフィクションです。石井さんは自分と同じ学年で、かつ海外を舞台にした作品を書いていたため、以前から勝手に親近感を持っていたのですが、この本を読み終えたときぼくは、石井さんと自分との間の、書き手としての力量の違いはもちろんのこと、とりわけ、プロ意識の違いに圧倒されたのでした。

とてもわずかな経験ながらも、自分も震災から一カ月半が経った二〇一一年五月初旬に被災地に行きました。仙台で車を借りて五日間ほど、海岸沿いを北上して岩手県陸前高田市の先あたりまでの一帯を走りました。京都にいて地震の揺れをほとんど感じることなく、ただテレビでの映像を見て呆然としているだけであったのがもどかしく、とにかく動かないといけないという気持ちでした。

自分は実家が東京にあり、家族も友人たちもみなそれぞれに震災によって大変な思いをしながら過ごしているのを聞いていたからということもありました。自分も少なくともあの現場を見なければいけない。何かを感じ、できることをしなければいけない。そう強く思い、行くことにしたのでした。

実際に現場を訪ねると、その風景に圧倒され、激しく心を揺さぶられました。自分にできることはとてもわずかしかなかったけれど、避難所をいくつか訪れ、宮城県の南三陸町では、子どもたちに勉強を教える手伝いをしたりして、自分なりに人と触れ合い、現地の空気感やにおい、音を肌に染み込ませようと思いながら過ごしました。短い滞在ではあったけれど、それは自分にとってその後の行動へとつながる大切な日々となりました。

しかしその日々の中でぼくは、書き手として人に話を聞くことがほとんどできませんでした。こんな状況の中で、書くのを目的に話を聞くということに躊躇してしまったのです。また、この現場で話を聞いて何かを書けばそれが自分の仕事になるということを、後ろめたくも感じました。

しかし京都に戻ってしばらくすると、ぼくは自問するようになりました。あの現場で話を聞いて文章を書くことが自分にとって本当に後ろめたいようなことだったのだろうか。話を聞くことをせずに手近にできることだけをやるのが本当に自分のとるべき選択だったのか。自分は逃げていただけなのではないか、と。

石井さんの『遺体』が刊行になったのは、そんなことをだんだんと強く感じるようになっていたときのことでした。それは震災から半年と少しが経ったばかりのころであり、まずぼくはその刊行時期の早さに驚かされました。そして実際に読んでみて、作品の凄まじい熱量、さらには、石井さんのした仕事の意義の大きさに、衝撃を受けたのでした。

石井さんはきっと、書き手である自分は書くことによって一番力になれるということを当然のことと考えていたと思います。そしてその強い思いを、猛烈なエネルギーと決意によって行動に移し、そのときできうる最高の形で世に出しました。一方自分は、まがりなりにもノンフィクションを書こうと志しているのに、その根本である、人に話を聞くという時点で躊躇して踏み出せずにいたのです。

当事者に話を聞くのが時に容易ではないのは当然です。取材の大変さ、難しさは、取材する人間であれば誰もが多かれ少なかれ経験することであり、書くことを生業にしようというのであれば当然乗り越えなければならないことです。であれば、話を聞かせてもらうべき相手がいるとき、話を聞く上での大変さは、いかに乗り越えていくかという問題であって、やるかやらないかで悩むべき問題ではないはずです。しかし自分は、そこで立ち止まってしまいました。『遺体』を読み進める中でぼくは、石井さんがこの本を書くに当たって経てきた並々ならぬ苦労を想像し、一行一行に込められた情熱を感じ、なんとなく言い訳をつけて話を聞かずに終わってしまった自分を、心から情けなく思ったのでした。

話はさらに少し前へと遡りますが、石井さんと自分とは、先に書いたように同じ学年である上に、じつは同郷で、共通の友人も多くいることがこの前年、二〇一〇年にわかりました。そうした縁によってその年、東京で一緒にトークイベントをやらせてもらう機会を得ました。ぼくはちょうど『遊牧夫婦』を出して間もなく、石井さんは『地を這う祈り』を出した直後のことでした。

そのときぼくが、石井さんと自分との違いで最も大きいと感じたのは、仕事へのスタンスでした。石井さんは、「全生活が仕事、自分にとって書くことがすべてである」と言い切りました。その一方自分は、「自分にとって書くことはすべてではない、あくまでも日々の生活があった上での仕事」といったことを言いました。

ぼくはそのとき、自分のスタンスを大切にしたいと思ってはいたものの、「仕事に関係ないことは一切断つ」と言い切る石井さんの迫力に気圧されていました。さらにイベント終了後、出口のところで石井さんがお客さん一人ひとりへ、サインを書いた紙を用意して挨拶をしながら配る姿を見て、そんなことは考えもしなかった自分との意識の違い、そして、石井さんが言った言葉の意味を、実感せざるを得ませんでした。

その一年後、『遺体』を読んだときに、ぼくはこのイベントで抱いた気持ちを鮮明に思い出しました。自分にとって書くとはどういうことなのかと、真剣に考えるようになったのは、それからです。文筆業で生きていくのであれば、書くことにもっと確固たるプロ意識を持たなくてはいけない。ようやくそういう自覚が芽生えてきたのでした。

その気持ちは、いまは確固たるものになっています。文章を書くことが自分の生業であると、いまははっきりと言えるし、これからもずっと、文章書いて生きていきたいと思っています。一つひとつの文、言葉に、できる限りの気持ちを込めて書きたいと強く思うし、そのために自分が何をするべきなのか、何ができるのかを日々考えています。それは日本に帰ってからの八年ほどの間に、書き手として、いいとき悪いときを含めて、それなりに経験を重ねてきた結果として、明確になった意識のように感じています。

その意識をできる限り込めて、これから文庫版を仕上げます。その本がいずれ、自分の知らない誰かにとって大切な一冊となる日が来ることを願いながら。

（2017・1）

自分に全然自信がない?

先日、二六歳の男性から、相談に乗ってもらえませんかと、連絡をもらいました。

ぼくの本の読者の方で、「いま、アルバイトをしながら就職活動をしていますが、思うところがあって就職以外の生き方を模索しています、近藤さんの紀行文やインタビューを読む限り、自分と重なるところが多くあるように感じ、親近感が湧いて連絡しました」とのことでした。

数週間後、この方と会いました。

話を聞くと、彼は大学院の修士課程修了後、一度会社に勤めたもののほどなくやめて、いま次の就職先を探している。しかし本当は就職する以外にやりたいと思っていることがあり、その道に進みたいけれどなかなか思い切って踏み出せない、両親にも反対されている、ということでした。

状況は違うものの、自分も二〇〇三年に旅に出たときは二六歳で、それは修士課程を終えた翌年のことでした。また、確かに彼が言うように、考え方にも似たようなところがありました。ぼくは彼の話を聞きながら、どこか過去の自分を見るような気持ちにもなり、自然と自分が日本を出たときのことを思い出していました。そして、彼に対してはほとんど有用なことは言えないままに、当時、旅に出るという一歩を踏み出した自分が、随分と大胆な決断をしたような気がしてきたのでした。

大学院を修了し、周囲がみな、さあこれから社会に出ようという中で、就職せずに、貯めたお金で旅をしながら自分でライターの修業をする——。ライターとしての経験はほとんどなく、そんな生活が成り立つとは自分自身思えていなかったことを考えると、とても思い切った行動です。そもそもそんな豪快な性格でもない自分が、どうしてそんなことを実行に移せたのか。いまさらながら不思議に思えたのです。

なぜあのとき、自分はあまり迷うことなく旅に出ることができたのだろう。

その最も大きな理由が、吃音であったことは間違いありません。吃音のために組織に入って働くことに積極的になれず、就職しない道を模索し始め、そこに、文章を書きたい、長い旅をしたいという気持ちが合わさった結果の選択でした。組織に入りたくない、という消極的な理由がとても大きく自分を後押しすることになりました。

しかし、それ以外にも何かあったのではないか。彼と話しながら、改めてその点を考え直す機会を得て、一つ、思い至ることがありました。

彼はこう言いました。

「私は自分に全然自信が持てない人間なんです。いつも他者に対して猛烈な劣等感を持っています」

その言葉を聞いて、ぼくは彼に伝えました。自信が持てないのは、自分にも少なからず共通する点であると。そしてそのときぼくは、まさにその性格こそが、自分に、旅に出ることを決断させたもう一つの理由なのではなかったかと、気づかされたのです。

こんなことを告白するように書くのは気恥ずかしくはありますが、ぼくはかなり自己肯定感が低い人間だと自分について感じています。

劣等感というのとは少し違うのかもしれませんが、ぼくはいつも、ちょっとしたことで、自分は嫌われてしまったかもしれないと不安に思ったり、つまらない人間だと思われているのではないか、相手を怒らせてしまったのではないか、と落ち着かない気持ちになったりしています。年齢とともに少し和らいだ気はするものの、学生時代からいまに至るまで、基本的には変わっていません。

自分のそうした性格の原因を考えると、中学時代まで遡ります。小学校時代は特にそういうことを思わずに、どちらかといえば気楽でやんちゃにやっているほうでしたが、中学一年のとき、あることをきっかけに急激に学校内での人間関係が難しくなり、それからおそらく一年くらいの間、ぼくは周囲の人にひどくおびえながら過ごすことになりました。

そのころの感覚や気持ちはいまもとても鮮明で、とにかく人間関係をこれ以上悪化させてはならないと、自分でも驚くぐらい毎日ビクビクしていました。関係がうまくいってない人に少しでもそっけなく見える反応をされたり、すれ違った先輩に一瞬でも睨まれたように感じたりすると、「やはり自分は嫌われている」「あの先輩は自分のことを怒っている、いつか殴られるのではないか」といったことを明けても暮れても考え続け、再度その人に会って自分の考えすぎであったことが何らかの形で確認できるまで、常に恐怖感を抱えながら過ごすという状態でした。

中学三年になるころには、そうした状況も一応はすべて沈静化していったのですが、自分は嫌われているのではないか、馬鹿にされているのではないか、みなが自分のことを怒っているのではないか、という不安感はずっと拭い去れないままでした。

その感覚は高校時代も根深く残りました。高校二年ごろに吃音が深刻になったのも、そのことが関係しているのではないかとぼく自身は感じていますが、いつしかそうした感覚は自分の性格そのものとなり、それが大学に入ってから、また別の形で表面化することになりました。

大学で仲良くなった友だちの多くは、本や音楽、映画や旅が好きな、ある種文化的な匂いのする人たちだったのですが、自分はそれまで、本を読んだり、映画を見たりということを全くしてこなかった人間で、物事を斜めに見たり、深く考察するということがあまりできないタイプでした。食べ物でいえばカレーとハンバーガーが大好物という感じの、シンプルでド直球な人間だったので（いや、決してカレーとハンバーガーを軽く見ているわけではありません。カレーもハンバーガーも、いまなお大好きです）、友人たちの感覚はとても新鮮で、ある種の羨望を持ちながらいつも話を聞いていました。

そうした影響でようやく本などにも興味を持ち、旅に行きたいとも思うようになり、世界が広がっていったのですが、同時に、友人たちの話を聞きながら常に、おれはなんて何も知らないんだろう、ああ、おれはつまらないやつだと思われているに違いない、というう恥ずかしさのようなものを感じていました。自意識過剰でプライドが高かったというのもあるのでしょう、そんな気持ちに気づかれないように振舞いつつも、少しずつ劣等感のようなものを抱え込んでいきました。そして、自分も彼らに追いつきたい、認めてもらいたいと思うようになっていきました。

大学院修了後に長期的な旅に出る、そしてライターになる、という決断の拠り所の一つも、こうして独自なことをすれば周囲に認めてもらえるのではないかという思いでした。そうすることでようやく他の人に追いつける、やっと対等に扱ってもらえるのではないか、という、いま思うとあまりにも自己肯定感の低い意識ですが、確かにそういう感覚でした。

ライターとしてうまくいくかどうかはひとまず脇において飛び出すことができたのは、おそらくそのような意識が強くあったからです。つまり、ライターとして生計を立てるなどということはそもそも無理だとしても、とにかく旅に出て金が尽きるまで数年ふらふらしさえすれば、それだけで自分は、少しは独自の経験をしたと胸を張れるのではないか。そんな気持ちが間違いなくあったのです。

もちろん、生活していくためには必死にやらねばという意識も強く、ライターとしていいものを書けるようになりたいという気持ちも確実にありました。だからこそあれこれ試行錯誤しながらやっていくことになるわけですが、とにかく旅に出るということさえ実行すれば目的が一つ達成される、そう考えていました。そしてそれゆえに、ぼくはある意味とても楽観的に、うまくいくかどうかを深く考えることなく思い切って踏み出すことができたのだと言えます。吃音という悩みから逃れたいという気持ちと重なって、その、認められたいという願望は、驚くほどのエネルギーをぼくに与えていたのです。

ぼくはいまもなお、自己肯定感が低く、何事にもあまり自信が持てません。常に、周囲の人は自分に対して不満を募らせているのではないかと想像しておどおどする性格も変わっていません。そうした意識はときにとてもしんどくて、自分自身はもちろん、周囲にもストレスを与えていることがあるように思いますが、それはきっと一生変わらないのでしょう。

でも、年齢とともに、そうした自分を認められるようにはなってきました。さらには、そういう性格だからこそ、後れをとらないよう、嫌われないよう、できる限りのことをしなければと思う気持ちが強く、それがいまの自分を支えているのだろうとも感じています。そうした性格こそが自分にとっての一番の原動力であり、最も大切なものの一つなのかもしれないとも思えるようになっています。

コンプレックスは最大のエネルギー源になることがある。
弱さの中にこそ、最大の強みが眠り、打開策が潜んでいる。
ぼくはいまそのように感じています。もちろんあらゆるコンプレックスが必ずしもそうなるとは言い切れませんし、そう簡単にプラスに転化なんてできないよ、という場合も多くあると思います。

ただ、コンプレックスから逃れたいというエネルギーは誰にとってもとても大きなものはずです。だからこそ、それをもし何らかの形で別の方向に活かすことができれば、思わぬ道が開けるかもしれないという気がするのです。

相談に来てくださった男性は、彼自身の弱さを存分にぼくに見せてくれました。その点にこそ、彼の強みが隠れているのではないかと思います。

迷いや葛藤はそう簡単に消えないだろうし、打開策も容易には見つからないかもしれません。でも、彼がこの先どういう選択をし、どういう道を進むにしても、自分の弱さと向き合う経験はきっといつか力になる。ぼくはそのように感じています。

（2015・6）

何かを選ばないといけないときに

ここ六年ほど、京都の芸術大学の、編集者や作家を目指す学科で講義をしています。その学科を今春卒業する一人の学生から、先月メールが届きました。

もう二年以上前、彼女はぼくの担当していた「職業人インタビュー」という講義を受けてくれていました。学生が自ら、話を聞きたい職業人にアポを取ってインタビューし、それを記事にまとめることを通じて、インタビュー記事の執筆を体験するとともに、働くことについて考えてもらおうという講義です。

手前味噌ながら、ちゃんとやり切ればそれなりに身になる講義のはずと思っているものの、誰かにインタビューすることは学生にとってだいぶハードルが高いようで、受講する学生も多くはなく、ここ数年、途中での脱落者が続出する状況になってしまっています。

自分のやり方の問題もあるだろうと毎年反省し、試行錯誤しながら続けていますが、その一方で、少数ながらも、粘り強く取り組んでくれる学生が毎年います。メールをくれた彼女は、中でも特にがんばってくれた一人でした。

彼女が受講した年も、回数が進むにつれて講義に来る学生の数は減っていき、後半は彼女と一対一になるときが何度もありました。マンツーマンでは気が重いだろうなと申し訳なく思ったこともあったのですが、いつも熱心に、できる限りのことを吸収しようとしてくれる彼女の意志が徐々にわかり、ぼくも講義をするのが楽しくなっていきました。

彼女が書いてくる文章にぼくがあれこれ意見を言うと、いつも期待以上に考え、練り直してくれました。こうすればもっとよくなるはず、という指摘にもとても真剣に応えてくれます。そして最終的にはよく練られた二編のインタビュー記事が完成し、彼女はその後、こう言いました。この講義を機に、インタビューやノンフィクションの世界にとても興味が湧くようになりました、と。

その講義以降はあまり言葉を交わす機会もないままでしたが、彼女から久々に届いたメールには、ぼくにとってすごく嬉しいことが書かれていました。卒業制作をインタビューによって書き、学長賞をいただきました、とあったのです。そしてぜひ、その作品を読んでもらえないか、と。

一週間ほど後、久々に彼女と会い、学長賞を受賞した作品を彼女から直接受け取りました。それは、彼女の実家が代々営んできた三重県伊勢市の老舗映画館について、自らの父親と祖母へのインタビューを軸として書かれたものでした。ぼくの講義のときに書いてくれた文章と関係するテーマで、それが卒業制作として長編に結実したことをとても嬉しく思いました。

後日読んでみるとそれは、創業九〇年となるその映画館と、経営を担ってきた彼女の家族の物語でした。移り変わる時代の中で、途中に休業期も挟みながら、どのようにして映画館が続いてきたのか、そして、その映画館とともに家族がどう生きてきたのか。映画館を切り盛りしてきた父親への彼女自身の複雑な思いや葛藤を含んだ重層的な事柄が、落ち着いた文体で、かつ情感をこめて丁寧に書かれていました。それは、自分の家族と日本映画史が交差するという稀有な地点で育ってきた彼女にしか書けない内容であり、彼女はきっとこれからいい書き手になっていくだろうと感じさせる作品でした。

これから彼女はどういったものを書いていきたいと思っているのだろうか。想像を膨らませつつ卒業後の進路について尋ねると、彼女は言いました。

「地元に帰って、映画館で働くことになったんです」

それはまさに、卒業制作のテーマとなった映画館です。家族へインタビューして、映画館と家族について深く知ったことで、そこで働きたいと思うようになったのだろうか。ぼくはそんな推測をしつつ彼女の話を聞きましたが、どうもそうではなさそうでした。本当は京都で情報誌を作る仕事がしたかった。しかし諸々の事情からひとまず実家に戻らざるを得なくなった。学長賞を受賞してこの上ない形で学生生活を終えることができたとはいえ、希望する道に進めなかったのを少なからず残念に思っているようでした。

日差しの明るいカフェの席で、そんな彼女の言葉をぼくは、そうか、とうなずきながら聞いていました。家族が支えてきた歴史ある映画館で働くことは、聞く限りは、とても意味のあることに思えました。けれども、これからますます文章を書いていきたいという思いが強い彼女にとっては、すぐにその方向に進めないことにもどかしさがあるようでした。

そして彼女の、言葉にはならない内面を想像しながら、ぼくは、自分自身がいまの彼女と同じように、学生時代を終えて進路を決め、歩き出そうとしていたときのことを思い出しました。

もう一五年も前になります。ぼくは大学院を終えた後、就職はせずに、文章が書きたいという思いをもって長い旅に出ることを決めました。その選択はぼくの場合、先が全く見えないながらも、自分が望んだものでした。その意味では彼女の選択とは異なるかもしれませんが、しかし、決して前向きな気持ちばかりだったわけではありません。そもそもは、組織で働くのが難しい、日本にはいづらいという、ある種追い込まれたような状況だったからこその選択であり、複雑な思いもありました。そしてその複雑な気持ちは、その後何年も消えずにあったし、それはある意味、いまなお持ち続けていると言えるかもしれません。もしあのとき、別の道を選んでいたら、どんな人生だったのだろうか、と。

その一方、年齢を重ねていくうちに、学生時代を終えた後の進路の選択というのは、人生の数ある選択の中の一つでしかなく、取り立てて重く考えるべきものではないのかもしれない、という気持ちも持つようになっています。それは、自分の生きてきた四〇年間を思い返すと、進路選択と同じくらい人生に影響を与えているかもしれない選択がいくつもあるように思うからです。

中学時代、別の塾に通っていたら。

大学受験で一年浪人していなかったら。

最初の一人旅の目的地をオーストラリアにしていなかったら。

あの日あの集まりに行くことがなかったら。

あの仕事を引き受けていなかったら……。

もしあのとき別の選択をしていたら、いまとは大きく異なる人生を歩むことになっていただろうと思う岐路は、振り返るといくつもあります。一見、学生時代を終えての進路選択の方が人生を大きく決める要素であるように思えても、じつは、あのとき地下鉄ではなくバスに乗るという選択をしたことの方が、人生を大きく変化させた、ということがありうるように思います。学校を卒業して社会に出るときが人生の大きな節目であることは間違いなくとも、その際の進路の選択と同じくらい人生に影響を及ぼす選択を、ぼくたちは日々知らず知らずのうちにしているのかもしれません。とすれば学生を終えた後の進路も、ある意味、そのときの流れや状況に身を任せて、それほど気負わずに選んでしまってもいいのかもしれない、とも思うのです。

これがしたい、このように生きたい、という思いがあり、その気持ちに従って動き続けていれば、きっといろんな選択の末に、何らかの形でそちらの方向に道が開けていくように思います。必ずしも思った通りとはいかずとも、いずれそれなりに望む方へと道が進んでいくのだとすれば、真っ直ぐに進むより、いろんな回り道をした方がその先に面白い人生が広がっていくのではないか、という気がします。

地元に帰って映画館を手伝うこれからの時間は、彼女の長い一生の中でも大切な期間になりそうな予感がします。京都での仕事にいまは未練があったとしても、しばらく文筆の世界から離れざるを得なくなったとしても、いつか必ず、望むところに戻ってくる。そしてそのときには、映画館で働いた経験がきっと彼女にとって大きな財産になっているに違いない。美しい文庫本の形になった彼女の卒業制作を読みながら、そう感じたのでした。

（２０１７・４）

紀行文2

上海の落とし穴

二〇一四年六月、仕事で上海を訪れた。

長旅の途中でここに一年半住んだのは二〇〇六〜〇七年にかけてのことで、以来訪れる機会はなかったので、七年ぶりの再訪となった。

二〇〇八年の北京オリンピックと二〇一〇年の上海万博を経て、大きく変わったと聞いていたが、着いてみての感想としては、みながスマホを持っていること以外、ほとんど記憶通りだった。もちろん、見覚えのないビルや超高層の建物が少なからずあったものの、基本はどこも、馴染みのある雰囲気だった。しかし今回の滞在そのものは、かつてと大きく異なる記憶を残すものになった。体験したことのない出来事に、遭遇してしまったのである。

それは、滞在二日目の夜のこと——。

テレビ塔や超高層ビル、西洋近代建築が川の両側にずらりと並ぶ外灘《ワイタン》から西に延びる南京東路を歩いていると、無数の観光客の中にいた旅行者風の男が突然、地図を出しながら中国語で聞いてきた。

「ここからどう進めば○×に行けますか?」

「すみません、わかりません。ぼくも上海の人間じゃなくて旅行者なんです」

そう答え、日本人であることを告げると、彼は、ああ、そうなんですかと言い、こう続けた。

「ぼくは天津から旅行で上海に来ています。日本の会社の工場で働いているので、日本語が少しわかります」

なるほど、確かにその言葉通り、彼は日本語が話せるようだった。白いシャツに薄茶色のパンツをはいた典型的な中国風ファッション。坊主頭で背は小さく、人の良さそうな笑顔が印象的だった。四五歳だという彼の日本語は、話しているうちにだんだんと流暢になり、途中から、会話はすべて日本語になった。

互いに何をしているのかなどを話しながら、賑やかな南京東路を西に向かって二人で歩いた。今回の滞在では、いろんな中国人の話を聞きたいと思っていたこともあって、ちょうどいい人が声をかけてくれたと内心ぼくは喜んでいた。

そのうち、彼はこんなことを言い出した。

「天津じゃ、家族といるからなかなか羽を伸ばせないでしょ。だからこうやって旅行に来たときに、女の子と遊ぶのが好きなんです。それが一番楽しいんだよね。近藤さんはどう？　日本では最後までやるといくらくらい？」

ああ、普通にエロいおっさんなんだなと思い、笑って適当に答えておいた。ホテルの人に安くてかわいい子が多い店を聞いてきたんだ、エヘエへと嬉しそうに笑うので「そうか、それはよかった、楽しんでね」と、ぼくは言った。

その後一五分ぐらい歩いていると、彼は「一緒にお茶屋さんにいかないか」と誘ってきた。話していて楽しかったので、ぼくは一緒に行くことにした。そしてその店で、鉄観音のお茶を試飲しながら二人でしばらく話したあと、店を出た。彼は、試飲させてもらった鉄観音を家族に買うといって五〇元（八〇〇円ほど）払った。ぼくは何も買わなかった。

「じゃ、ぼくはこれから女の子と遊びに行くよ。近藤さんはどうする？」

男が言うので、じゃあ、ぼくはもう帰るよと言った。すると彼は名残惜しそうに誘ってくる。

「ビール一杯だけでもどう？　一杯飲んで帰っても大丈夫だから。そのあとぼくは女の子と遊ぶから」

このとき、会話ではその行先として「ＫＴＶ」という言葉を使っている。ぼくの認識では、ＫＴＶとは、キャバクラや風俗店の意味がありつつも、普通のカラオケという意味でもあるはずだった。上海に住んでいた当時、日本人の友達と何度かカラオケに行ったことがあったが、そのときも「ＫＴＶに行こう」と言っていたからだ。

だから男にＫＴＶと言われても、なんとなく、ビールだけ飲んで話したりできる部屋があり、そこでまず飲んでから、彼だけ女の子と個室なりに行くのだろうぐらいに思っていた。

ビール一杯だけ飲んで帰ろう。本当に何の疑問もなくそう思って、ぼくは男についていった。そして裏道の暗がりの中にあった、男が「ここ、ここ。ここだよ、ホテルの人が教えてくれた店は」という店に彼とともに入ったのだ。

カラオケのある大きな部屋に案内されると、数秒遅れてミニスカートの女性二人と普通の店員っぽい女性が入ってきた。おいおい、いきなりそういう展開なのかよ、と思いつつソファに腰掛けると、ミニスカートの女性二人は、それぞれぼくと男の横に座り、店員女子が説明を始めた。

「三〇分一五〇元（約二五〇〇円）、一時間三〇〇元。うちは明朗会計の店だから、安心して遊んでいってくださいね」

ビールを頼むとハイネケンの缶が二本出てきて、早速三〇分一五〇元を払わざるを得ない展開になった。ビールだけと違ったのか……、と思ったが、もう仕方がない。

一方、男は、自分は一時間だからと三〇〇元払い、話す間もなく隣で女性に触り始め、二分もしないうちに、「じゃあ、ぼくは別の部屋に行くから」と女性の身体をまさぐりながら消えてしまった。

随分話が違うじゃないかとぼくは思った。彼と話すためにここに来たのに、挨拶をする間もなくいなくなってしまったのだ。でも、彼はやりたくてしょうがない感じだったので、まあ納得した。ただ、ぼくも女の子と二人きりになってしまい、彼女もだいぶ積極的な雰囲気なので、そういう店ならもう帰ろう、と思った。

女性は、髪が長く、顔立ちのはっきりとした、ベトナム人を思わせる若い子だった。仕事熱心なのかなんなのか、積極的に誘ってくる。

「いや、ほんとにそういうのはなしで。ビールだけ飲んですぐに帰るから」

しかし、

「ええ、なんで~。いいじゃない、誰も入ってこないから、あなたの好きにしていいのよ」

と食い下がる。

「いや、ほんとにそういうんじゃないから」

「いや、でも……」

そんなやり取りが何度か続いた。

彼女はなんとかぼくを説得しようと必死だった。最初に来た店員風の女性を連れてきて、「とりあえずblow jobだけでも」と言わせたり、私が気に入らないんだったらほかの女の子を選んでもらってもいいのよ、と別の三人を並ばせたり……。

「そういうのはいいんだって」といくら言ってもわかってもらえず、ぼくはだんだんと面倒になってきた。そして帰ろうとすると、彼女は言った。

「わかった、わかった、話すだけでいいから」

さっさと帰りたいと思ったものの、三〇分まであと一〇分ほどあったため、時間まで話してすぐ帰ろうと、とりあえず話し出した。しかしただ話すだけだったはずの彼女は、暗がりの中、気づくと自ら服を脱ごうとしているではないか。

その執拗さにいよいよ呆れ、ぼくはバックパックを持って勢いよく立ちあがった。中国語に英語を交えながら

「いいっていってんだろ！　話すのがいやなら、もう帰るから！」

そう強めに言って、足早に外に出ようとした。

が、そのときのことである。部屋を出ようとしたのと同じタイミングで、外からゴツい

おばちゃんが体を揺らしながら入ってきたのだ。パパイヤ鈴木と大仁田厚を混ぜ合わせて女性にしたという感じの、タフそうで、見るからに面倒くさそうな中年の女だった。「私は厄介です」と、顔に書いてあるようなそんな女だ。

うわ、こいつはやばそうだ……と思っていると、パパイヤ女がまくしたてるように言った。

「おい、おまえ！　帰るなら、わかった。帰っていいから、その前に金を払っていけ！」

「金？　さっき一五〇元払ったじゃないか！　まだ三〇分もたってないぞ！　あ、ビール代は払うよ、いくらだよ」

と尋ねると、彼女はこう言うのだ。

「さっきの一五〇元は、あの女のチップだ。うちとは関係ないよ。ビール二本で七〇元、あとはこのＶＩＰルームが四〇〇元、あの女の子のギャラが三〇〇元、それに〇〇が三〇〇元、全部で一〇七〇元だ。金を置いて出ていけ！」

その言葉を聞いてはっとした。ドア中央の窓越しに部屋の外を見てみると、ドアの前には、腕の太いゴツイ男がこっちをにらみながら立っている。

このとき初めて気がついた。おれははめられていたんだと。愕然として、全身から力が抜けていく。

そしていまさらだったが確認した。

「一緒だった男はどうした?」

「あいつは金を持ってなかったから、すぐに帰らせたよ!」

と、パパイヤ女は言ったのだ。

……そういうことだったのか。自分の間抜けさに我ながら呆れた。男はとても感じがよくて、ぼくは正直、一ミリたりとも一秒たりとも疑わなかった。一、二時間か楽しく話して過ごしたあの時間が、すべて自分をはめるための伏線だったのかと思うと、ショックで悔しくて、強い怒りが込み上げてきた。

五年半の旅を含めてもこんなに完全に騙されたことは初めてだった。慣れ親しんだ中国で自分が騙されるわけがないと過信していた結果の、あまりにも初歩的な騙され方に自分が本当に情けなくなった。

ただ同時に、一〇〇〇元でよかった、という気持ちも湧いていた。たかだか一万七〇〇〇円程度であり、騙されて盗られる額としては大したことはなかった。これまでに聞いた、似た展開の話からすれば一〇倍ぐらい要求されてもおかしくない印象だったので、その点はほっとした。

金銭的被害が大したことないことで若干気を取り直して、とりあえず強気に言った。

「ふざけんな、そんな金払わねえーぞ！」

そして、大使館に電話するぞとか、五〇〇元にまけてくれとか、手当たり次第にいろいろと言いながら、打開策はないものかと考えた。しかし妙案は何も浮かばない。するとそのうちに、パパイヤ女はこんなことを言い出すのである。

「そんなに払いたくないのなら、私と一発やれ。そしたら金は払わなくていい。お前はいい身体してるから」

まさか上海で、この展開で、高校のバスケ部時代に若干鍛えただけの見せかけボディを褒められようとは。おお、これぞ旅！　などと思っている余裕はなかったけれど、あまりに意外で、ありえない「妙案」に思わず吹いてしまいそうになった。しかしいくら情けない騙され方をしようとも、さすがにここでパパイヤにボディを褒められ、「お前とやりたい」と言われて喜ぶほどめでたくはない。

それは相手をあきらめさせるための定番の決め台詞だったのかもしれない。そしてその台詞が有用だとすれば少々パパイヤが哀れでもあるけれど、実際その辺りからぼくはもうあきらめ始めた。どうやっても一〇〇〇元を払うことから逃れられそうにはないと思った。

財布を出した。一五〇〇元はバッグの中に隠していて、財布の中には九〇〇元と小銭しかなかったのが幸いした。

「なんだ、それしかないのか！」

若干もめたものの、最後にはパパイヤも手を打った。

「じゃあ、九〇〇元でいい！　さっさと、帰れ！」

情けなさと怒りをうちに秘めながら、ぼくは、ガードマン的男に見送られ、先ほど、隣で上半身をはだけようとしていた髪の長い女のツンとした顔を睨みつけながら、彼女の横を通って店を出た。

ガードマンに、なぜか妙に丁寧に、「再見」と手を振って見送られたのがますます気持ちをいらだたせた。

本当に情けなかった。すでに人通りが少なくなり、道端にごみが散乱するうす暗い通りを歩きながら、あまりの不甲斐なさに呆然とした。あの男……。チクショー、本当に頭に来る。全く疑わなかった自分にもまた頭に来た。そうして、なんだかずぶ濡れになったような気持ちで地下鉄に乗って、ぼくは宿へと戻っていった。やり場のない怒りをいったいどうすればいいんだろう、と思いながら――。

*

しかし、まだ話は終わらない。

その翌日、ぼくは、旧日本人街と言われる虹口《ホンコウ》地区を訪ねたあと、四川北路という大通りをずっと南に歩いていた。そして夜になったころ、また前日と同じエリアにたどり着いた。上海のランドマークとも言えるテレビ塔が煌々と輝き、川を挟んで高層ビルと壮麗な西洋建築がずらりと並ぶ外灘から少し西に入った辺りの南京東路。そう、あの男に会った場所だ。

そのころにはだいぶ気持ちも落ち着いていて、昨日のことは、自分の中でむしろ笑いのネタに変わりつつあった。しかし、観光客で溢れ、賑わいを極めている南京東路を歩いていると、ふと、昨日の場面が思い浮かび、怒りが蘇ってきたのである。

そして、思った。

あいつ、今日もここにいるんじゃないか？

もしかしたら、ばったり出くわすんじゃないか？

くそ、このままでは終わらせねーぞ。

ぼくは、昨日声をかけられた辺りを、ゆっくりと周囲を見回しながら歩き始めた。南京東路を西に歩き、河南中路という南北の広い通りとの交差点までやってきた。凄まじい人ごみとクラクションの音、そしてアディダスやGAPといったグローバル企業の巨大な広告と複数のネオンがまばゆいばかりに輝いている。

チクショー、あの野郎、待ってたらこの辺を通りがかるんじゃねえか？

見つけたら絶対許さねーぞ。

我ながら久々にアグレッシブな感情が湧き上がる。ますます気持ちを盛り上げながら、交差点の南東の角に立ち、ぼくは無数の西洋人観光客の間にじっと視線を送っていた。

そして五分も経ってないころのこと——。

自分が立っていた同じ角で、信号を待つ観光客の奥の方、一〇メートルと離れていないところに、見覚えのある男の姿がタンクトップの欧米人の間に一瞬見えた。まさかこんなすぐに、と思ったが、背が低く、カツオのような坊主頭をしたその姿は、確かにあの男のように見えた。

ぼくが身体を動かすと、ほぼ同時に、男もぼくに気がついたようだった。観光客と建物の間ですぐに身を低くした。左手で顔を覆い隠すようにして、足早になって立ち去ろうとした。その動作で確信した。間違いない。あの野郎だ、と。

声は出さずに、大股で観光客の間をぬって一気に距離を縮めていった。すると男も走り出した。

おい、待てよ——！

そう言って、ぼくも駆けだした。思っていた以上に距離は近く、すぐ追いついた。ぼくは男の腕をぐっとつかんだ。すると男は、「はなせ！」というように腕を大きく振り上げた。しかしそんな力で振り切られるほど自分の決意は甘くない。力を入れて観念させた。

すると男はあきらめて、足を止め、強張った顔をこっちに向けた。

「おい、この野郎、だましやがって……お前、ふざけてんじゃねーぞ！」

渾身のヤンキー顔を作って、一気に凄んだ。すると男はとっさに言った。

「ぼくも、だまされた」

……なんだとこの野郎。その言葉にさらに頭に来て、ぼくはたたみかけるように言った。

「おい、ふざけたこと言ってんなよ！　じゃあ、なんで逃げんだよ！」

男はだまった。そして少し恐れおののくような顔をして、ただぼくのことをじっと見つめた。

別に彼を改心させようというような高尚な思いは持っているはずもない。けれども、悪かった、とは思わせたかった。彼にもきっとあるはずの良心に訴えかけたいと思っていた。

だからぼくは、悔しいけれど本心を言った。

「お前のこと、ほんとに信じたんだよ。話してて楽しかったたし。ほんとにショックだったよ、あれが全部、騙すためのウソだったなんて……」

おれはなんてあまちゃんなんだと思いつつ、男を睨みつけながらそう言ってみた。すると男は困惑したように、ただ、そのままの顔で「ああ」とだけ言った。

何か大きな期待していたわけではないけれど、そんなやりとりを何度か虚しくしているうちに、やはりむしょうに腹が立ってきた。

とにかくこの男に後悔させてやりたかった。自分が物書きをしていることは話していたので、ハッタリをかましてこう言った。

「お前のこと、全部調べて雑誌とか新聞に書くからな。もう調べ始めてんだよ。ふざけたことしやがって、絶対後悔させてやるよ」

男は強張った顔のまま、ぼくの目を見つめ続ける。なんとか言えよ、と思った。しかし何も言ってこないので、それ以上言うことがなくなってしまった。調べているわけもないので、何か言えることがあるはずもない。

話を変えた。

「おい、とにかくお前、金返せよ。もってんだろ」

すると男は口を開いた。

「いくら払ったの？」

悔しい気持ちを思い出しながらぼくはいった。

「九〇〇元だよ」

そして続ける。

「おい、お前そのくらいもってんだろ、返せよ！」

そう言いながら男を睨みつけていると、いつの間にか自分が、小柄な男をつかまえて脅すカツアゲ野郎になったような気分になる。いや、違うんだ、これは正当な要求なんだ、被害者はおれなんだ……、と言い聞かせながら、慣れない台詞を何度か繰り返した。「おい、金出せよ」と。

男は言う。

「いまは持ってない。金は店にあるよ。店に行こう」

このアウェイな異国の道端で無理やり金を出させるわけにもいかない。それにこの男が大した金を持ってないのは本当だろう。しかも強引に金を奪ったりしようものなら、いよいよ強盗ふうになってしまう。ミイラ取りがミイラに――である。

しかし、店に行っても金が戻ってくるわけがない。そして第一、さすがに店に戻るのはまずいだろう。危険な展開になりかねない。とりあえず店に向かって歩きながら、何らかの作戦を考えるしかなかった。

「よし、じゃあ、店に連れていけよ」

「うん、わかった」


男を斜め前に歩かせて、そのすぐ後ろをついていった。河南中路と南京東路の大きな交差点を、車のクラクション音とヘッドライトをかきわけるようにして、斜めに渡り、河南中路を北に歩いた。

「おい、警察官を一緒に連れて行くからな。いいか」

そう言ってみたが、「いいよ」と、動じる気配はない。そもそもぼくが金を巻き上げられたという証拠は何もない。その上、警官を連れていっても、場合によっては言葉が通じない中、むしろウソをでっち上げられ警官に金をにぎらせられたりして、ぼくが窮地に陥れられる可能性も十分に考えられる。というか高い確率でそうなりそうだ。異国にいることを否応なく実感した。

くそ、どうすればいいんだ。どうすればこの男に一番ダメージを与えられるのか。どうすれば悔しい思いをさせられるのか——。

妙案は浮かばなかった。そして、それならばとぼくは思った。とにかくハッタリでもビビらせよう、と。

静かにポケットからスマホを取り出し、カメラアプリを立ち上げた。写真を撮って、これを雑誌などに載せるぞと言ったらビビるのではないか。古典的だがそう考え、横を歩きながら、無言で彼の前にスマホをかざした。そして、有無を言わさずシャッターを数回押した。

チャカシャ、チャカシャ、チャカシャ——。

「おい、なんだよ! なんで、撮るんだ! やめろよ!」

男はびっくりした顔でこちらを向いた。苛立たしそうにぼくのスマホを手で遮った。ぼくは言った。

「この写真を、雑誌とかに載せてやる。撮ったからな!」

するとと男は、手でぼくを遮りながら
「やめろよ!」

ともう一度言った。そして次の瞬間、彼はその手をパッとどけて、体勢を変えた。と思ったら、一気に走り出したのである。

東西に走る小さい道を河南中路から西に向かってダッシュで逃げる。あ——、と思ったとき、彼はもう手の届かないところにいた。

もう追う気はしなかった。ぼくはその場で、一目散に駆けていく男の後ろ姿をじっと見つめた。

何か最後の捨て台詞でも吐きたかった。しかし、言葉が浮かばない。そうしているうちに彼は、河南中路よりも暗く細い東西の通りを、ダッダッダッダッダッと足音だけを響かせて、暗がりの中に消えていった。

*

行ってしまった。脱力感に襲われて、その場にじっと立ち尽くした。ただ、やり場のなかった男への怒りは、対面して言いたいことを言ったことで若干散った。しかしその一方、男がいまごろほくそ笑んでいるのだろうかと想像するとまた頭に来た。でもこれ以上はどうしようもなかった。

そのまま男が駆けていった道を西に歩いた。一応、見つけられただけでもよしとしないといけないのだろう。そう思いつつ歩きながら、彼との慣れないやりとりによって自分が猛烈に疲労していることに気がついた。

このまま地下鉄に乗って宿に帰ろう……。

再び賑やかな通りへと戻り、けばけばしく光り輝くネオンの中をさらに西へ、駅に向かった。通りの輝きのすべてが、胡散臭く見えてくる。と、息をつく間もなくまた、怪しげな男たちから次々に声がかかる。

「ち○ち○マッサージ？」

「セックス？」

「どう？　安いよ。カワイイ子いるよ」

「ドコカラキタ？」

「ニホンジン？」

無視しても、五秒もするとまた別の男から声がかかる。そして、真っ先に、言われるのだ。

ち○ち○マッサージ？――。

ふざけんなよ、こいつら……。ち○ち○ち○ち○、小学生みたいにうるせえなあ。聞いているうちに再び怒りが込み上げてくる。あの男へのいら立ちが蘇るように、途中で本当にカチンときた。そしてぼくは勢い余って、ずっとついてくる若い男を思わず威嚇してしまった。

「おい！」

と言って、急に振り返り、男に向かって攻めるようなポーズをとった。

ビビって退散するだろう。そう思ったが、よく見ると男は血の気が多そうだった。一瞬ビクッとしながらも顔に怒りを露わにした。そして、こっちを指さしながら、逆上して声を荒げた。

"HEY! FUCK OFF!!"

予想しなかった反撃にむしろこっちがビビッてしまった。慣れないことをするからだ。見かけ倒しでビビりの自分は、パパイヤにボディを褒められたとはいえ、ケンカして勝てる自信など全くないし、そもそもこんなところで暴力沙汰を起こせば、それこそ大変なことになるだろう。

そして、若干目が覚めた。

冷静になれ、落ち着け、落ち着け……。こんなところでわけのわからないトラブルを自ら作り出したら本当の馬鹿だぞ。気持ちを静めるのに必死だった。

それからは寄ってくる男たちをすべて無視しながら歩き続けた。そしてしばらく歩いたあと、巨岩を背負っているかのような疲れを感じ、デパートの横のベンチ的なところに腰かけた。

すると間髪入れずに今度は女性が寄ってくる。

髪が長く、すらっとして、顔つきも整った比較的きれいな二〇代半ばぐらいの子だ。彼女は中国語でこう言った。

「すみません、道がわからないんだけれど……」

ああ、またこれか。そうか、これは定番の手口だったのかと、そのときようやく気がついた。脱力感に襲われて、「もういいから」と追い払うように手を振った。すると彼女は言ってくる。

「あれ、中国人じゃないの？　どこの人？」

しばらく黙って無視した挙句、根負けして、ぼくは言った。

「中国語わからないから、聞かないで」

すると彼女は、マニュアル通りなのだろう、昨日の男と同じようなことを次々に言ってくる……。

「もう、目的はわかってるから。どっか行ってくれよ。昨日同じやつに会ったから」

「え、どういうこと、どういうこと？　私の目的って何？　ただ道を聞いただけなのに」

途中から、英語と中国語が混じりあった会話になった。彼女は英語がうまかった。

なかなか立ち去ろうとしない彼女を見ながら、ぼくは思った。そうか、それならば、逆に彼女に手口の内実を聞いてみようじゃないか、と。ぼくは話した。昨日騙されて金を巻き上げられたこと、その上今日も似たり寄ったりな連中が次々に近づいてくることにいま無性に腹が立っているということを。

彼女は「え？　いくらとられたの？」などと驚いたふりをしながらも、ぼくが「もういいから、いいから」と言い続けると、いよいよ、自分もまた、同じようにぼくをＫＴＶに誘おうとしていることを話し始めた。

「男の人はみんな女の子が好きでしょ？　女の子としたいんでしょ？　私は、ただ男の人にお店を紹介するだけ。行くか行かないかは本人の勝手。選べるんだから、別に騙してるわけじゃない」

そんなことを言い、結局あなたも店に行ったんだから、やりたかったんでしょ……と言われる始末だ。

いやいや、ちがうんだ……、などと言いながら、細かく説明する気もしなくて、とにかく、まあ、いいから、と、彼女がどんな生活をしているのかを聞いてみた。

「昼間は英語を習いに行って、夜はこの仕事をしてるの。好きでやってるわけじゃないよ。

他の仕事を探してるけれど、見つからなくて。だからしょうがないのよ、みな生活のために働くんでしょ」

そして、言った。

"That's life, right?"

彼女のその言葉を聞いたとき、ぼくはなんだかおかしくなって、「うん、そうだよな」と少し笑って頷いた。そして、思った。あの男にも、それなりの事情があったのかもしれないと。無駄な怒りをぶつけるのではなくて、むしろ、金はいいからその代わりにどんな生活をしているのかを教えてくれ、とでも言うべきだったと思い至った。それが自分の仕事のはずだった。

やられたことはむかつくけれど、たしかにあの男も、こうでもしないと生きていけないのかもしれなかった。怒りとは別に、それを聞きだすことこそ、書き手として、自分がやるべきことではなかったのか。いや、しかし、あんなに日本語がうまいなら、いくらでもまともな仕事を見つけることだってできるはずだ……。

そんなことを思っているうちに、彼女が言った。

「ねえ、飲みに行かなくてもいいから。あそこのハーゲンダッツでアイスを買ってくれるぐらいいいでしょ」

ぼくは冷たく言い放った。

「何言ってんだ。なんでおれが奢るんだよ。おれと話してても時間の無駄だよ。他の男を探しにいけよ」

「ちょっとぐらいお金をちょうだいよ」

「ふざけんな、やらねえーよ」

彼女は顔に怒りを浮かべた。そして、「チッ」と舌打ちをして足早に立ち去った。

彼女が立ち去ると、待っていたかのように、今度は二人組の大学生ぐらいの女性が話しかけてくる。彼女らを遮って、歩き始め、地下鉄の人民広場駅の入口に入ろうとすると、また別の派手な子が、露骨にぼくの腕をつかんできた。

「ねえ、どこにいくの……」

――上海ってこんな町だったただろうか。

住んでいたころは、南京東路などにはめったに来なかったから気づかなかっただけだろうか。それとも今回はあまりにも自分が観光客然として映っているのだろうか――。異国にいるということを、こんなにも実感したのは久々だった。地下鉄の駅に入りながら、ぼくはあの男のことを考えた。いったいいま、あいつはどんな顔をしているのだろう。馬鹿な日本人だったな、と笑っているのだろうか。すでに次の獲物と一緒に、南京東路を人の好さそうな顔をして歩き出しているのだろうか。あの男にも事情が……なんていう気持ちは消え去った。また猛烈に怒りが込み上げてきた。

クソッ！

ぼくは一人、何度もそう呟いた。

そして、"FUCK OFF!"と言った男の仲間なんかがまさか追いかけてきたりしてないだろうな、などと気弱なことを思いながら、ぼくは終電間際の地下鉄に乗り込んだ。

（２０１４・７）

第三部

旅することと生きること

取り戻せない自転車旅行

大学四年生だった一九九九年の夏、当時住んでいた東京から、ちょっとした自転車旅行をしたことがありました。

その夏は、大学院の入試の勉強で忙しくなる予定だったのですが、運よく、試験を受けることなく推薦で入学が決まり急に暇になったため、思い立ってすぐ出発できる自転車の旅に出ることにしたのでした。お金がかからなそうだな、とも思い。

目的地は、兄が住んでいるという理由で、広島にしました。自転車は何の変哲もないかご付のママチャリ風のもので、ギヤはなし、自転車の知識もありません。それでも、道が続いている限りこぎ続ければ広島まで行けるんだ、と思うと実際に行けそうな気がしてきて、思いついた翌日の朝だったかに、何も決めずに出発しました。八月後半のことでした。

とりあえず南西へと、まずは都内の自宅から国道246号をひたすらに走り、途中で国道1号に入ってさらに海沿いを行きました。自転車だと一日でどこまで行けるのだろう。静岡県には入れるのではないか。そう思っていましたが、ものすごく強い日差しの中を走るうちに、それほど簡単ではないことがわかってきました。太陽光に身体は焦がされ、経験したことのない連続走行に足は想像以上に疲労して、早々に夕方になり、その日のゴールが決まりました。神奈川県の小田原でした。

「小田原までしか行けないのか……」

小田原といえば、自宅の最寄駅から電車で一時間ほどで行ける場所です。そんな身近なエリアに一泊しなければならない現実に、思っていた以上に広島が遠いことに気づかされました。

小田原に着き、若干怪しげな界隈をうろつくと、安そうな宿がありました。いかがわしい雰囲気のする小さな場末のホテルです。尋ねると当然のように空室があり、もじゃもじゃ頭のおばちゃんが部屋に案内してくれました。

「この部屋でいいですか」

薄汚れた壁紙はところどころ剝がれていて、かび臭いにおいが漂います。料金は二〇〇〇円ぐらいと安かったので、文句を言うわけにもいきません。ただ、日本でこういうところに泊まった経験はなかったため、「こんな汚い宿が日本にもあるのか！」という驚きが、かえって自分はいま未知の旅に出ているんだ、という気持ちにさせてくれました。

二日目。

真鶴、湯河原を経て、箱根へ。地図で見ると箱根を超える十国峠を行く道は、やたらとクネクネしていてハードそう。距離は長くなったとしても、少し南下して伊豆半島の付け根に位置する熱海まで行き、緩やかそうな道を回ったほうがいいのだろうか。とも思ったものの、悩んだ挙句、地図上の距離の短さの方に魅力を感じ、十国峠を越えることにしました。

しかしその道は、地図での見た目以上に厳しい登りの連続でした。ギアなしの準ママチャリで行く道ではない。そう気づいたときにはすでに遅く、引き返すこともできません。乗ったままで登ることは早々にあきらめ、かなりの距離を、自転車を押して歩くことになりました。水はいつも、大きなペットボトルに入れ、なくなるとマクドナルドなどで「すみません、これに水を入れてもらってもいいですか」と補給してもらっていましたが、店も何もない峠越えではそれもかなわず、途中で水もなくなってしまいました。

これはいよいよ、通りがかりの車に助けを求めないといけなくなるのか。そう思いながら、あと一〇〇メートル行こう、もう一〇〇メートル進んだら休もう、とがんばっていると、いつしか道は平たんになり、視界が一気に開けました。頭上は青く広い空に覆われ、眼下には緑の山が遠くまで広がっています。頂上まで来たのです。

疲れは喜びに一変し、高ぶった気持ちで自転車にまたがり、今度は風を切りながら転げ落ちるように駆け下りました。異国に着いたような気分になり、その勢いで三島市を越えて、その日は静岡市まで行ったのでした。

そして三日目。

静岡から焼津を経て、1号線を一路西へ。平地が続き、気持ちよく距離が稼げます。途中の藤枝バイパスでは、入口に自動車専用を示す標識があるものの、どう見てもこっちのほうが楽そうで速そうだからという言い訳になりえない理由を胸に、標識に気づかなかったことにしてチャリで突入してしまいました。見つかってもある程度まで来てしまえば戻れとは言われないだろう。そう考えて、とりあえず勢いに任せて走りました。途中で車やトラックにクラクションを鳴らされて、迷惑千万だったと反省しつつも、なんとか無事にバイパスを抜け、大いに楽ができてしまったのでした。

夜は豊橋市に泊まり、翌四日目の午前中に、岡崎で岡崎城を見学し、その後、桶狭間の戦いの跡地らしい小さな公園に寄ったりしていると、もう名古屋が目の前でした。そして昼ごろ、大量の車が走る大都市の幹線道路を、自分も走っていたのでした。

激しく消耗していました。日焼け止めを持っていなかったため、全身が熱を持ち、顔や首は火傷ばりの痛さです。お尻も皮がむけてしまい、痛みでまともにサドルに座れなくなりました。クッション替わりにサドルにタオルを巻いてみても、車道と歩道のちょっとした段差すらも怖くて座ったままでは走れないという有様です。なるほど、この自転車は、連日八時間や一〇時間を快適にこげるようにはできていない、という当然のことを痛感したのでした。

しかしそんな辛さも、名古屋まで来たという喜びが相殺してくれました。そしてこの日は少しだけこぎれいなビジネスホテルにチェックインし、早い時間からシャワーを浴びて、清潔そうなベッドの上で存分にくつろいだのですが、「さあ、だいぶ来たぞ」とほくそ笑みながら地図を見て、ぼくは驚いてしまいました。

「広島まで、まだ半分も来てないじゃないか……！」

東京の外の日本をほとんど知らなかった当時の自分は、関西以西をとてもデフォルメして捉えていました。京都あたりまで行ったら広島はもうすぐだろう。そんな感覚でいたのです。

しかし地図をよく見てみると、京都―広島は、東京―名古屋ぐらいの距離がありそうだし、名古屋から京都までも、険しそうな山を越えなければならないではないか……。ぼくはこのとき初めて、日本の国土の大きさが肌でわかった気がしました。そして自分の中に距離に関する一つの尺度ができました。東京から名古屋までの道のりで得た実感を基準として、日本の実際の大きさをある程度想像できるようになったのです。

考えた結果、広島行きは断念し、この辺りで旅を終えることを決めました。ただ、愛知県だとまだあまり遠くに来た気がしないので、より西っぽい三重県まで行こうと、名古屋で一泊した翌日、西に五〇キロほどの四日市市に向かいました。そして四日市市のペリカン便の荷物集積所まで自転車をこぎ、その場で自転車を梱包してもらって東京に送ってもらうことにしたのでした。

自転車を預けたあと、ぼくは、電車と新幹線でその日一気に東京まで戻りました。心地よい疲労感と、ある種の達成感を得ながらも、四日間かけて走った道のりが新幹線の窓の向こうで一瞬にして後方へと消えていく様子は、懸命に築いてきたものが瞬時に崩れ落ちる場面を見ているようでもありました。

*

先日、取材のために新幹線で京都から浜松に向かい、途中、豊橋の駅に止まったとき、急にこの自転車旅行の記憶が蘇りました。当時の疲労感までがふと身体に戻ってくるように感じました。

あれから一六年。思えばいままでも、あのときに身体で感じた東京―名古屋の距離感を基準にぼくは、日本の大きさを、さらには世界の広さを把握しようとしていることに気づかされます。たった四日間の自転車旅行でしたが、自分にとっては、確かに新たな世界を切り開いてくれた大切な旅だったと感じます。そしてあの日々を思い出すほどに、寂しさがこみ上げてきたのでした。

最近ちょっときっかけがあって、人がなぜ旅をするのか、なぜ紀行文を読むのか、ということを改めて考えていました。突き詰めるとそれは結局、「人生が有限である」ということに行き着くような気がします。

私たちは二度と「あの」時間を取り戻せない。そのときに見た風景も自分自身も、もう二度とかえってこない。それは普段の日常でも同じですが、あえて非日常の空間に身を置いて限られた期間だけを過ごす旅という行為において、特に強く感じられるように思うのです。

豊橋の駅でこみあげてきた寂しさは、あの小さな経験がもう戻ってこないことを知っているからであるとともに、それが自分にとって本当にかけがえのないものだったことを表しているのだと思います。寂しさの中には、いつまでも消えない幸福感が満ちています。それこそが、私たちが旅から得られる一番大切なものなのかもしれません。

現在の自分は、一〇年後に振り返ってそのように感じられる日々や場所をどれだけ得ることができているだろうか。仕事のために頻繁に乗るようになった新幹線の外の、流れゆく景色を眺めながら、そうした場所が多くはないかもしれないことに気づかされ、思わずはっとしたのでした。

（2015・12）

自分の力ではどうにもならないことがある

先日、島根県の海士町《あまちょう》を訪れる機会がありました。

海士町は、島根県の本州部分から北に六〇キロほど離れた隠岐諸島の島の一つ、中ノ島の全体をなす町です。本州（本土）から船で二、三時間。八〇〇年前に後鳥羽上皇が島流しにされた島だけあって、容易に本土に戻ることはできない隔絶された場所にあります。

そのような地理的条件ゆえか、高度経済成長期ごろには一気に過疎化が進み、その後も人口の流出が止まらず、一時は町の存続が危ぶまれるほどの状況に陥りました。しかし町全体の再起を願って多くの人が尽力し、さまざまな取り組みを始めた結果、ここ一〇年ほどの間に大きな変貌を遂げることになりました。島は活性化し、いまでは他の地域から少なからぬ人が移り住んでくる町になったのです。

海士町は、「地方活性化」や「移住」といったテーマにおいて必ずと言っていいほど「成功例」として名が挙がります。全国各地からの視察や取材も絶えません。しかしおそらく、表にはあまり出てこない問題点もあるのではないか。その率直なところを聞いてみようというのが、今回この島を訪れた目的でした。

実際に行って話を聞くと、島の人はおそらく誰も、「成功した」などとは考えていないようでした。大きな変化があったことは間違いない。多くの移住者がやって来て島が賑やかになったことも確かである。しかし問題は相変わらず山積し、または新しく生まれ、島の人たちはそれぞれにそうした問題と向き合いながら暮らしている、という状況のようでした。

その具体的な内容についてはここでは詳しくは触れませんが、海士町を訪れ、多くの人に話を聞いていく中で、一つ強く感じたことがありました。それは、「不便であることの大切さ」です。今回はそのことを書きたいと思います。

すでに書いたとおり、この島は隔絶された環境にあります。島の人が本土に渡ろうとすれば船に乗るしかありません。しかし船は天候が悪ければ動かない。ぼくらのような外から来た人間も、帰る予定の日にもし船が欠航すれば、延泊するなどして天候が回復するのを待たなければなりません。

都会から海士町に移住した人が、海士町についての本の中で次のようなことを書いていました。天候が悪ければ予定が崩れてしまうのは困る。そう考えていた自分に対して、島の人がこう言ったと。

「しかたがない、そういうものだから、待つしかないよなあ」

実際に船に乗って島に行き、緑の木々と青い水面に囲まれた景色の中で島の人と話していると、その言葉が自分の中でだんだんと鮮明な響きを持って迫ってきました。そして自分も普段から、特に意識はしなくとも、望んだことはなんでもすぐに実現するのが当然だと感じていることに気づかされました。

いまの時代、どこにいても、誰にでもすぐ連絡ができるし、知りたいと思ったことは何でも瞬時に調べられます。行ったことのない場所に行く場合でも、何時何分に家を出ればいいかが正確にわかるし、雨がこれから何分ぐらい降り続きそうかもかなりの確度で把握できます。ちょっと時間が空いたり手持無沙汰になったりしても、秒単位の時間まで、人に連絡をとったり用事を済ましたりに使うことが可能です。

ぼくは、そのように、日常において不確定で未知な部分が極端に減っている現代の状況に、ときに言いようのない違和感を覚えます。また、あまりの連絡の行き来の速さや目の前に提示される情報量の多さにうんざりしてしまうこともよくあります。

それでも、自分が必要な連絡についてはすぐに返信をもらえることを期待してしまうし、すぐ調べたいことが何らかの理由で調べられないと、「ああ、全く……」と思ってしまうこともあります。パソコンの処理や通信の速度がちょっと遅くなったりしただけでも、いままで以上にすぐ「遅いなあ」と思うようになっているのも感じます。

結局自分も、便利すぎたりスピードが速すぎたりするのを「いやだなあ」と言いつつも、身体にはそのスピード感覚が刻み込まれ、必要な場合にはそれを求めているわけです。ものごとが速く進んで当然、自分の思うように進んで当然だと、どこかで思ってしまっているのです。

二〇年前の、学生だったころの自分がもし、いまの自分に会って話す機会があったとしたら、思うかもしれません。「なんでこの人はこれくらいのことが待てないのだろう」と。

人間は便利さを手に入れると、何でも思うようにできて当然という万能感を持つようになるのでしょう。すると我慢ができなくなり、待つこともできなくなる。さらには徐々に謙虚さや寛容さも失っていき、感謝する気持ちなども持てなくなっていくように思います。便利さを得ることによって、私たちは想像以上に大きいなものを失っているのかもしれません。


『遊牧夫婦』の旅のとき、インドネシア・レンバタ島のラマレラという村を訪れました。伝統捕鯨で知られる小さな村で、四〇〇年前とほとんど変わらぬ方法で二〇メートルにもなる巨大なクジラを捕獲する人たちが暮らしています。行ってみると、市場も物々交換によって取引がされていて、本当に別世界のような場所でした。

その村で漁に参加させてもらった体験は、五年半の旅の中でも最も印象に残っていることの一つですが、ラマレラでは、他にもいくつも、いまも鮮明に記憶に焼きつく経験をしました。その一つが、滞在を終えて村を離れるときに乗ったトラックの中でのことでした。

ラマレラを出るためには、トラックの荷台に四時間ほど乗り、道なき道を走って山を越えて、島の反対側に行く必要がありました。そこまで行かないと他の島へ渡るための船に乗ることができません。

それゆえぼくらは、その日の早朝、まだほとんど真っ暗な中、宿を出て、島の反対側へ行くトラックに乗り込みました。道は全く舗装などされてなく、大きな石がごろごろ転がる山道を進むので、トラックは猛烈に揺れます。しかも、大人も子どもも大勢が乗っていて、かなり混んだ状態です。学校をはじめとするさまざまな施設がラマレラにはなく、みな生活のために島の反対側に行かなければならないからです。

ラマレラに向かうときにすでに経験していたものの、いや、経験していたゆえになおさらだったのかもしれませんが、「これで四時間はありえないなあ……」と絶望的な気持ちにさせられる乗り心地でした。まだ日差しのない時間帯である上に、強い風が吹き込んできて、寒さも厳しかったように記憶しています。

そんな中、同じトラックに乗っている子どもたちの姿が、ぼくにはとても印象に残りました。

小学校低学年ぐらいの子や、さらにはもっと小さな子もお母さんらと一緒に乗っていたのですが、みな、文句一つ言うでもなく、いやそうな顔をするわけでもなく、ただ静かに正面を向き、荷台の端などにじっとつかまっているのです。

荷台の端に据えつけられた長いすにお母さんと一緒に座っていた小さな子は、あまりの揺れにぐったりしてお母さんの膝の上に横たわって、もどしました。お母さんはその子の吐しゃ物を手に受けて、手を外に出して投げ捨てます。その間、お母さんも子どもも、一切声を出すことはありませんでした。

おそらく同じように気分が悪かった子どももいただろうと思うのですが、みな四時間という間、だまって立ち続け、または座り続け、目的地に着くのをただじっと待っていました。

ぼくはその光景を見て、本当に驚きました。この子たちはなんて我慢強いのだろう、と。一切文句を言うでもなく、ただこの状況を受け入れて、静かに到着の時を待ち続けていたのです。

海士町を訪れて、ぼくは一〇年以上前にラマレラで見たその風景をふと思い出しました。

便利さを手に入れ、あらゆる物事が自分の思い通りに進むのに慣れたことで、私たちはどれだけ我慢ができなくなり、謙虚さを失い、身勝手になっているのだろう。

自分はおそらく、便利さをそこまで積極的に求めるタイプではないものの、便利であるに越したことはないという気持ちはありました。しかし、便利であること、あるいは、あらゆる不便さは技術の力で克服できて当然だと思うようになることは、私たちにとってときに有害ですらあるのかもしれません。海士町で複数の人から話を聞き、それぞれが、問題に直面しながらも何かのせいにすることはせず、できることを一つひとつやっていこうとしている姿を見て、そう感じさせせられました。

自分の力ではどうにもならないことがある。

そのことを認識するのがじつはとても大切であると、ぼくは今回、痛感しました。自然に対して畏敬の念を抱いたり、他の人に敬意を払ったり、日々のちょっとしたことに感謝したりという気持ちの少なからぬ部分は、自分の力ではどうしようもないことがあるという実感から生まれるように思います。

先に、「不便であることの大切さ」と書きましたが、「不便」という語もまた、便利な世界に慣れてしまった人間の言葉であると、ここまで書いて、気づかされます。そこでこう言い換えてみます。

自分の力ではどうにもならないことがあることの大切さ。

この言葉を頭の中で反芻し、書いた文章を読み直しながら、今度は、自分の力ではどうにもならないことがあるなんて当たり前では、とも思えてきました。しかしそんな当たり前のことにすら新鮮さを感じている自分自身に、いま自分が生きている世界の有り様が重なるのでした。

（2016・7）

先の見えない素晴らしさ

とても偶然な展開から、明日、ニュージーランドに行き、今後、家族で向こうに移り住むことができるかどうかを検討することになりました。数週間前に急に決まった一人での渡航で、滞在も一週間ほどにすぎませんが、いま、新鮮な気持ちで、出発前の時間を過ごしています。

二〇一〇年に長女が生まれ、その後しばらくしてからぼくは、家族で海外で暮らしてみたいと思うようになりました。当初は乗り気でなかった妻も、徐々にそんな生活ができたらいいなあと考えるようになってくれて、どこに行くかを二人で検討したりするようにもなりました。イスタンブール、アラスカ、ギリシャの島、キューバのいずれかに住むのはどうか。または、バンで南北アメリカ大陸を縦断することはできないか。どんな生活になるのだろうか。実際に暮らしていけるだろうか……。

かつての五年の旅を思い返し、そこに子どもがいる現在の生活を重ね、さまざまな想像を膨らませました。しかしながら、次女が生まれたり、生活が若干不安定になったりという時期も経る中で、すっかりそんな話は出なくなり、と思ったら、また考えるようになったり、といったことをこれまで何年も繰り返してきました。けれども結局は、ほとんど具体的な行動へと移すことはできないまま、日常に追われ、一年、また一年と、年月が過ぎていきました。

ただここ一、二年、妻がこれまで以上に前向きに、そのことを考え出すようになりました。子どもたちもだいぶ大きくなり、自分たちももう四〇代。現実的に考えるとこれから年々、条件は厳しくなる。もし行くならいま動かないともう無理やで、と。かつてはぼくの方が、行こう行こうと言っていたのですが、年々、妻の方が、行きたいという意志を強く示すようになりました。そして、子ども二人も一緒であることを考えると、どこに行ってどう暮らすのが現実的か、ビザを得やすいのはどの国か、といった話をする機会も増えていき、その候補のトップにニュージーランドが挙がるようになっていました。

とはいえ、それもただの想像上のシミュレーション、という域を出ないままでした。生活やお金について具体的に考えるほどに、いまの日本の生活をいったん畳んで四人で拠点を異国に移すことなど、とてもできるとは思えない。やはりそんなことは無理なのかもなあ、とときどき話し、結局、何も進展のない状態で日々が過ぎていく状況が、つい最近まで続いていました。

ところが、今年の三月初め、たまたまインタビューすることになった人から、思わぬ誘いを受けました。その方は、一〇年ほど前に子ども三人を連れて家族でニュージーランドに四年近く住んだことがあり、その経験によって人生が少なからず動いたと言いました。それを聞いて、ふとインタビュー中に、自分たちもじつはこんなことをぼんやりとながら考えていて……と伝えると、その後、思わぬ言葉をかけてもらうことになりました。

「来月仕事でニュージーランドに行く予定で、家もあって泊まれますから、よかったら来てみませんか?」

そんな内容のメールをもらったのです。予想もしていなかったその誘いにまず驚きました。気持ちが高ぶるのも感じました。でもすぐに、そうは言っても、さすがに急に来月しばらく家を空けるのは難しそうだし……と躊躇する気持ちが湧きました。そしてぼくは、ありがたいお誘いではあるけれど、まあ、断るしかないだろうと考えました。

しかし妻に、「こんな誘いをもらったよ、びっくりで縁を感じるけど、さすがにね」といった具合で話してみると、彼女はこう言いました。

「行ってみたらいいやん。これ断ったら、もう誘ってはくれへんよな」

予想外の返事であったと同時に、それは、心の奥底で自分が思っていたことと同じでした。偶然にもこの春、これまで長年続けてきた仕事のいくつかがひと段落したところで、タイミング的にも悪くなく、他の予定も調整できないことはなさそうでした。にもかかわらず、もし今回、「さすがに来月というのは……」といった理由で断るのであれば、今後どんな機会が訪れても、きっと自分は何らかの理由を作って行かないだろう。ここで動けるか否かは、自分たちの今後の生き方に少なからずかかわってくる、そんな気がしたのです。

だから妻にそう言われたとき、すぐに思いました。確かにそうだ。とりあえず行ってみよう、と。

日程は限られているものの、一週間であれば日本を離れることはできそうでした。ぼくはその日のうちに、台北、ブリスベン経由オークランド行きの航空券を予約しました。そしていざ行くことを決めてみると、行くからには何か実りのある滞在にしなければという気持ちが膨らみ、出発までの数週間、移住を踏まえていまできる準備を進めました。その中心となったのが就職活動的作業でした。家族でニュージーランドで暮らすためには、自分が現地でフルタイムの仕事を得て労働ビザを取得することが不可欠であり、その可能性を探ることが最も大きな課題だからです。

世界規模の仕事探し用SNSであるLinkedInにページを作り、働ける可能性がありそうな会社へ履歴書を送りました。また、今回訪ねるオークランドやハミルトンという町にある大学に連絡を取って状況を伝え、滞在中に会って話だけでもさせてもらえませんかと、書いて送ることもしました（自分の職歴の中で他国でも一応は考慮してもらえそうなのは、非常勤ながら六、七年、大学で教えてきたことくらいだからです）。また、知り合いのつてをたどって相談に乗ってもらえそうな現地の人にも連絡し、アドバイスを乞いました。

ところが実際に動いてみると、現実の厳しさをすぐに突きつけられました。返事をくれた会社はあったものの、いずれも、「現在、募集はありません」などと素っ気なく、とりあえず会いましょうとはなかなかなりませんでした。考えてみれば、現状日本に住んでいて滞在資格も持ってなく、かつ、何ができるかもわからないままただちょっと様子を見にくる外国人に、わざわざ時間を割いて会ってくれることを期待する方が虫が良すぎるというものなのでしょう。

結局、誘ってくれた方の助けによって、ある大学の担当者と会う約束が一件決まった以外は何も決まらないままでの渡航となりました。現地に行ったらきっと思わぬ出会いと進展があるはず、という淡い期待を抱いてはいるものの、そんなにうまく事は運ばず、やはり難しいという思いを強くして帰国する可能性も高いだろうと感じています。

しかし、たとえ結果はそうなったとしても、ここ一カ月ほど、ニュージーランドを意識して動きだしてから、とても清々しい気持ちになっています。未知の未来に向かって動くことの意味を、改めて感じています。

二〇〇三年~〇八年まで、長い旅をしていたときは、たとえ二、三年前のことであっても「二〇〇×年〇月△日」という日付だけあれば、どこで何をしていたかを鮮明に思い出して風景を思い浮かべることができました。それは自分でも驚くべきことでしたが、それだけ一日一日が異なっていて、記憶にもはっきりと残ったということでしょう。そしていつも、明日のことも来月のこともわからないという毎日でした。

ところが最近は、一週間が、まるで一〇年前の一日のような速さで過ぎ去っていきます。毎週決まって「え、もうまた週末…?」という気持ちになるし、一年前と二年前の区別がつかなくなることも決して少なくありません。そして、数カ月後の生活もかなりの確度で想像ができ、ああ、またもうすぐ年末で正月か、という感情ばかりが先立ってしまう。そのような日々に、いまのままでいいのだろうか、四〇代をこのまま過ごしてしまっていいのだろうか、という気持ちを強く持つようになっているのです。

そんな生活を変えられないか。旅していたころのような感覚を取り戻せないか。そう思う日々の中でふと、ニュージーランドという未知の世界を少しだけ現実的に考えられる機会が目の前に現れました。その機会を、何も具体的な見込みも計画もないままに、思わずぱっと手でつかみ、するっと手から滑り落ちそうな状態ながら、さてどうすればいいのか、と必死につかまえながら考えている……という状況にいま、ぼくはいます。

ぼくたちがいる状況は、これまでと一切変わってはいないし、現地に行っても、何かが進展する可能性は大きくないかもしれません。また、小学三年になった長女に「ニュージーランドに住むとしたらどう?」と聞くと、「絶対にいややし」と言われているのも決して無視はできません。

それでも、ただ目の前に未知の世界が広がっていて、そこでの新たな人生を想像し、模索するだけでこんなにも気持ちが新鮮になるのかと、いま感じています。

先が見えないというのは、やはり素晴らしい。長旅中に持っていたその気持ちが久々に自分の中に蘇っています。もちろんそこには、いろんな条件や制約があるけれど、いい意味でこれからも、先が見えない人生を送りたい。

そんな気持ちを新たにしつつ、人生の白紙部分をより広げるべく、明日、一歩を踏み出してみようと思っています。


（2018・4）

危険があると承知の上でもなお、旅に出るということ

先月、二〇一六年一一月、長期旅行中だった日本人の大学生が南米コロンビアで強盗に撃たれて死亡するという痛ましい出来事がありました。

ニュースによれば、その大学生、一橋大学社会学部四年生の井崎亮さんは、事件当日、コロンビア北西部のメデジンにたどり着き、宿に荷物を置いて近くのパン屋さんへ向かっていました。その道中、脇に抱えていたタブレット端末（※）を二人組に奪われ、追いかけて犯人を捕まえようとしたところ、頭部を撃たれてしまったとのことでした。

亡くなる数分前までは、おそらく彼と同年代の多くの若者と同じく、人生が間もなく終わるなどということは想像もしていなかっただろうと思います。明日も、来週も、来月も、来年も、今日と同じようにやってくることは疑いもないはずでした。しかし、不運にも彼

の人生は、たまたま通りで出くわした強盗によってその一切を絶たれてしまったのです。タブレット端末を奪われて、彼は犯人を追いかけた。そして追いかけた先で彼は銃で撃たれてしまった。

そのことを知ったとき、ぼくは二年半ほど前、自分が上海でまんまと男に騙されてしまったときのことを思い出しました。ぼくはその男と路上で知り合い、一切疑う気持ちもなく一緒に数時間過ごした後に彼の誘いに乗ってお金を巻き上げられる展開になったのですが、そのことにかなりのショックと怒りを覚えて、翌日、たまたま男を見つけることができたために、捕まえて揉み合いとなったのでした。

ぼくはそのとき、男に散々言いたいことをぶちまけたのですが、ちょっとしたタイミングに彼は一気に逃げ出しました。その瞬間、追いかけたいという気持ちも抱きましたが、男が走り去った先に広がる暗がりを見て、その闇の中で起こりうる危険を想像して、追うのをやめました（体力的に追えなかったという面もありましたが）。そして、彼が逃げる後ろ姿を、悔しい気持ちと、とりあえず言いたいことは言えたというある種の達成感のような気持ちとを、半々ぐらいに抱きながら見つめたのでした。

ぼくの場合、詐欺師に騙されてお金を失ったのは自分の落ち度によるところが大きく、しかも男と揉み合ったのは騙されてから丸一日経ったあとだったこともあり、お金は戻らずとも、まあ仕方ないという気持ちでした。しかし、自分も井崎さんのように、大切なものを盗られた直後で、まだ取り返せる可能性があると判断すれば、彼と同じように、男をできる限り追おうと思っていたかもしれません。

ぼく自身、ユーラシア大陸横断の途中には、中央アジアのキルギスで、乗り合いバスの中でスリに遭って財布をすられ、恐らくこの男だと思った人物とともにバスを降りて問い質したことがありました。そのときは、その場で彼の身体を調べさせてもらい何も見つからなかったものの、あきらめきれずしばらく彼についていきました。しかし、状況からしておそらくバスの中に仲間がいて、ぼくの財布はすでにその仲間の手に渡っていたため、もうどうしようもないのだろうという気もしていました。しかもその仲間は、同じ停留所でバスを降りた男で、少し前に自分の目の前を早足で通り過ぎていった人物であっただろうことも、途中で推測がつきました。そしていずれにしても、目の前の男が盗った証拠は何もないし、自分が間違っている可能性もある。そのため、結局はあきらめざるをえなかったのですが、あのとき、さらにあの男を追及していたらどうなっただろうか、ということがふと頭に浮かびました。

冷静に考えれば「追いかけたら危ないかもしれない」という気持ちは湧くようにも思います。しかし、旅中の高揚した気分、さらには旅を通じて身につけた自信のようなものが、危険を危険と感じさせず、普段以上に大胆な行動へと自分を導くということは確かにあると想像できます。

状況は少し違いますが、これも同じく長い旅をしていたころ、ぼくと妻は、北朝鮮と中国の国境で、国境職員を説得して若干強引に中国から北朝鮮へと国境を越えたことがありました。いま思えば、なぜほとんど躊躇もなくあんなことができたのだろうかと我ながら不思議で、それもまた、良くも悪くも、旅が与える力なんだろうと感じます。

自分の経験を重ね合わせると、きっと井崎さんとぼくの、危険に対する感覚はかなり近かったのではないかと思います。彼の立場に置かれたとしたら、ぼくもまた犯人を必死で追いかけていたような気がするのです。それゆえに、井崎さんの死が他人事には思えなくて、この事件を聞いてから何度もぼくは想像しました。知らない町に着いたその日に、重い荷物を宿に置いて、雨の中、美味しいと評判の近所のパン屋へ向かったという彼の気持ちを。新しい町の知らない道を歩く喜びと興奮、見たことのない風景が与えてくれる清々しい心地よさ、そしてこれからこの町で何をするのもすべて自分次第であるという解放感のようなものを抱えながら歩いていたであろう彼の姿を。

ぼくはここ五年ほど、京都の大学で、旅をテーマにした講義をしています。旅をすることが人にとってどのような意味を持つのかを、自分の経験、映画や文学作品、世界の出来事などから自分なりの方法で伝えようと試みています。

いまの若い人は旅をしない、旅に興味がないとはよく言われることですが、大学生と話したり講義の感想を読んだりすると、旅することへの興味そのものは、自分たちの世代と全く変わらずあるように感じます。どこか知らない場所へ行くことへの興味は、きっと人間の本能のようなもののはずです。

ただ、もしいま実際に、海外に行く若い人が少なくなっているのだとすれば、それはきっときっかけがないだけなのではないかと思います。だから、自分の講義がきっかけとなって、少しでも多くの学生が旅をしたいと思うようになり、それぞれの方法で旅をしてくれればと願っているのですが、そう考えているだけに、今回の事件は自分にとって、本当に衝撃的な出来事でした。

井崎さんは、無念だったと思います。ご家族の気持ちを想像すると、胸が締め付けられるものがあります。

しかしそれでも、彼が旅の中でしてきた経験は決して無駄なものではなかったと思うし、彼はこの旅を通じて、毎日本当に貴重なものを得ていたのだろうと想像します。彼はその経験を、これからの人生に大いに生かすつもりだっただろうし、きっとそうできたはずでした。しかし、あまりにも不運な出来事が、彼の将来に広がっていたすべての可能性を奪っていってしまいました。

旅には、喜びや自由があるのと同時に、思わぬ危険が確かにあります。それは十分に認識しなければなりません。ただ、その事実を承知した上でもなお、若い人には旅に出てほしいとぼくは思っています。旅とは、未知の土地で、自分で状況を判断して行動を決め、数々の選択をしていくことに他なりません。それはまさに生きることの縮図であり、だからこそ、旅は人を大いに成長させる可能性を持っています。

井崎さんにはきっと、帰ってから家族や友人に話すべき素晴らしい経験が無数にあったはずです。それがいったいどんなものだったのか。多くの若い人たちには、自ら旅に出て、経験してきてもらえたらと思っています。危険には注意をしながら、しかし、思い切り外に目を向けて。

井崎亮さんのご冥福を心よりお祈りします。

（2016・12）

※当初、タブレット端末（と携帯電話）を奪われたと報道されたものの、事実は異なり、奪われたのはバッグだったようです。本稿は、全体として事件直後のニュース記事を読んで書いたものであるため、その点の記述も当時書いたままとしました。

あたたかな後ろ姿

歩いていたり自転車に乗っていたりするときに、突然、長旅中の感覚を思い出すことがこのごろ増えています。思い浮かぶのはそのときどきの空気感やにおい。そうした記憶が蘇るのがなぜかいつも晴れた朝であることに、最近気づかされました。

五月半ばのある朝、京都市内を東西に延びる細い路地を、自転車に乗って西から東へと向かっていたときのこと。正面から照りつける太陽の光が周囲一帯を白みがからせ、ややがかかったような景色になると、一瞬、中国・昆明の早朝の景色の中にいるような錯覚がしました。湯気が立ち上る饅頭屋、信号が変わると一斉に走りだす無数の自転車。ふと、中国の自転車やバイクの音が鳴り響き、自分もその中に舞い戻ったような気持ちになっていました。

また別の朝、起きて部屋の窓を開け放ったときは、強い日差しとともに、オーストラリア西部・バンバリーの軽やかな空気の匂いが吹き込んできたように感じました。窓の外に見える青空の向こうに、日の光を反射してきらきらと光る水面がある。そんな想像が自然に湧いてきたのでした。

そしてこれはまだ寒さが残る初春のある朝のこと。取材場所に向かうために京都駅のそばの道を歩いていると、突然、ドイツかイタリアの町中を、朝食を食べる場所を探して歩いているような気持ちになりました。旅中、晴れた朝に宿を出て、近くの店にパンやコーヒーを買いに行く時間は、ぼくにとって至福を感じられるときだったことを、このとき思い出しました。

この他にも何度か、同じように記憶が蘇る経験をしました。一瞬で消え去っていくものもあれば、しみじみと旅の時間を思い出すようなときもありました。

ただ共通するのは、そんな記憶が蘇るのがいつも、天気がよくて日差しが強い朝であることに加え、周囲の風景が少しオーバー気味で撮った写真のように白みがかって明るいこと、そして思い返せば、それはいつも、何かしら気持ちが小さな幸福感で満たされているときなのでした。

いま、日常の中で、あれやこれやと容易ではないことに直面する機会が以前より多くなってきています。しかしそうした日々の中でも、ふと心地よく晴れ晴れするような気持ちになれる瞬間があります。思えばそうした瞬間に、旅の記憶がふと蘇り、頭の中を、そして身体全体を、そよ風のように通り過ぎていくようなのです。

旅のことを本に書いたとき、そして書き終えたとき、それまで無限に広がっていた旅の記憶が、本の中に書いた出来事や感情だけに限定されてしまったように感じました。途切れなく連続的に過ぎていく時間、その中で無限に細分化できるはずの出来事の中から、ほんのいくつかのことだけを抽出して文章にする。するといつしか、書かれなかった記憶は消え去っていき、書いたことだけが日に日に鮮明さを増し、かつデフォルメされながら、自分の記憶として定着していくという具合です。

そうして、思い出せるはずの風景も出来事も、本当は無数にあったはずなのに、いまや有限個の、限られたものだけになっていることに気づかされます。五年半に渡った長い旅が、いつしかわずかな断片的記憶だけによって再構築されてしまったようなのです。

しかし、晴れた朝に思い出すいくつかの光景、そして空気感やにおいといった感覚は、必ずしも記憶に鮮明に残っている場面ではありません。旅をする中で少しずつ身体に染みつき、自分の中をぼんやりと漂っているような感覚が、瞬間的にふと目の前に現れ、身体の中をすーっと通り抜けていくのです。

そのとき、ぼくはとても幸福な気分になっています。それは自分にとって旅をしているときの朝の時間が、何かしら心地よさや幸せを感じさせてくれる時間だったということなのだろうと思います。そしてまた、いま、思い通りにいかない日々の中、あるいはそうした旅の中の幸福な記憶が、どこかで自分を支えてくれているのかもしれないとも感じます。旅が自分の体内に、ふとしたときに呼び起こせる、厚みと広がりのある幸せな記憶の層を、作り上げてくれたように思うのです。


そのような記憶が蘇るとき、実際にその場所にいた自分が、何を考え、感じていたのかを、当時の自分に聞いてみたいという衝動に駆られることがあります。いま記憶に蘇る美しい時間のままに、やはりそのときの自分も、旅をする日々をただ楽しみ、幸せを感じていたのであろうか。それともいまと同じく、無数の不安や心配を抱えていたのだろうか。ときどきものすごく、あのころの自分に問いかけてみたくなるのです。

いったいその朝の美しい光の中に立って、おれは何を考え、何を吸収していたのだろうか。しかしそこに見えるのはいつも、暖かな日差しの中にいる自分の後ろ姿だけなのです。

（2016・6）

もしもの人生

もし、○○をして生きていたら、どんな人生になっていただろうか――。

そんなことを思うことが近頃よくあります。そしてまた、あまりいいことではないなと感じつつも、他の人の生き方を見て、ああ、自分はああいうことがしたかったのかもしれない、と思うことも少なからずあります。四〇歳が近づいてきていよいよ後戻りできないような気持ちになってしまっているせいなのか、または、いろんなことに若干の行き詰まりを感じているせいなのか。

そんなことを思う中、最近、ある方の生き方にとても強く刺激を受けました。アフリカ南東部のモザンビークで、貧しい女性や子どもたちに寄り添って暮らしている三五歳の日本人の女性、栗山さやかさんです。

四年ほど前、彼女の本を出版するために、ある編集者が奔走していたとき、自分も少しだけ関わりを持たせてもらったのをきっかけに、栗山さんの名前と活動を知ることになりました。そのとき、モザンビークで何年も暮らしているという彼女のブログを読んでその活動に心揺さぶられ、その後、でき上がった彼女の著書『なんにもないけどやってみた——プラ子のアフリカボランティア日記』（岩波ジュニア新書）を読んで、改めて彼女の生き方や思いに強い感銘を受けたのでした。

栗山さんがバックパックを背負っての一人旅に出たのはいまから九年も前のこと。当時二〇代半ばだった彼女は、とくに明確な目的もなく日本を出たものの、アフリカ・エチオピアの医療施設でボランティアをしたのを機に、人生が大きく動くことになりました。日本ではおそらく想像もできなかった厳しい現実の中で次々に起こる死の現場に身をおくことで、彼女は、自らの生きる意味を痛切に考えさせられ、そのままエチオピアで七カ月間働きます。その後、さらにアフリカを旅し、大陸南東部のモザンビークの過酷な現実を知った結果、その地で、貧しい女性や子どもたちに医療、教育などの支援をする「アシャンテママ（ありがとう、みんなの意）」という協会を一人で立ち上げ、以来モザンビークで地道な活動を続けながらずっと生活することになったのです。

その栗山さんが、先の年末から二カ月ほどの間、帰国していました。彼女を応援する多くの方たちが迎える中、自分もその報を聞き、この貴重な機会にぜひお会いしたいと思ったのですが、残念ながらどうしてもタイミングが合わず、叶わないまま、再び彼女がモザンビークへと戻る日となってしまいました。また今度、と思っても、いつその機会が訪れるかはわかりません。何しろ今回彼女が帰ってきたのは九年ぶりなのです。二〇〇六年にバックパックを背負って日本を出てから初めての帰国だったのです。

栗山さんは、もともとはいわゆる「ガングロギャル」でした。二〇代前半までは、派手な格好で朝までクラブ、という日々を送っていて、海外やボランティアとは一切無縁だったそうです。しかし、親友が病気で亡くなったのをきっかけに、彼女は一人、旅に出ます。そして、それまで知ることのなかった世界の現実を目の当たりにする中で、おそらく彼女自身も予想していなかった方向にすべてが動いていったのでした。

そんな彼女の、これまでの経緯や現在の活動を紹介する記事を読んだ親しい人がぼくに言いました。

「彼女の活動自体が本当にすごいけれど、それ以上に、何も決めずに日本を出て、現地での出会いによって心が動き、行動し、自然にいまの活動を始めていったところに私は強く惹かれました」

確かにそうだなあと思いました。自分の気持ちにしたがって行動し、人生を歩いていっている彼女自身の生き方が持つ強いメッセージをぼくは改めて感じました。

旅というのはそもそもそういうものであるとぼくは考えています。つまり、旅のよさは、その「未知性」にあるということです。旅の日々自体が未知であるように、人が旅から受ける影響もまた未知です。だからこそ旅は心躍るのであり、無限の可能性を秘めているのだと思います。

そういう意味でぼくは、いまの学生たちにときどき見られる「就活に有利になるための旅」「履歴書に書ける旅」といった考え方にはとても違和感を覚えます。旅した結果人生がどう転がるかわからないからこそ旅は面白いはずなのに、その旅の終着点を、最初から就職活動といったもともとのレール上のイベントに結び付けるのはとてももったいないように思うのです。

長い旅をしている間、ぼくは、一カ月後にどこの町にいて何をしているのかがわからない、という状態に大きな魅力を感じてきました。先が見えないということは、同時に、自分の未来に無限の広がりを感じさせてくれるからです。その思いは旅を終えてからもほとんど変化していません。自分にとって人生に何か目指すことがあるとすれば、それは、先が未知である人生を生き続けていきたい、先に何があるかわからないという状態を積極的に選び取って生きていきたいということだと言えます。

しかしこのごろ、「もし、○○していたら」と考えたり、他人の進んでいる道を羨ましく思ったりしている自分に気づくとき、ふと、もしかすると自分は、いまなお未知の道があるということを信じられなくなってきているのではないか、と感じるのです。年齢を重ねるにつれて、もはや自分はそういう未知な道を選ぶことができないと錯覚してしまっているのかもしれない、と。

もちろん年齢によって物理的に不可能になることは少なからずあります。でも、それは未知な道を選べないということとは違います。年齢とともに自由になることもあり、形は変わってくるにしても、人生には常に、無限の道筋が開かれているはずです。結局は、自分がどう考え、どう行動するか次第なのだと、ぼくは思っています。

年を取るから未知な道を選び取れないのではない。選び取れないと自分自身を納得させてしまったとき、人は年を取るのだろう。ぼくは漠然とそのように考えてきました。しかし、いま自分は、必ずしもそうは思えていないのかもしれません。


ぼくらの五年間の旅は、二〇〇八年にアフリカ南東部のマラウイで終わりを迎えることになりました。それは栗山さんがいるモザンビークの北に接する国です。

マラウイとモザンビークの間には、マラウイ湖という南北に延びる湖があり、それが両国の国境の一部分を成しています。ぼくたちはマラウイ北部のヴワザ湿地動物保護区で、長い旅に終止符を打つことを決めましたが、その後、国の中部にある首都リロングウェに戻る途中、船に乗ってその湖の中にある島の一つに寄りました。船旅は夜をまたぎ、地元の人で溢れる中、ぼくらも甲板に寝転がって夜を過ごし、星空を見ながらさまざまな思いを巡らせました。

島で数日を過ごし、再び船に乗ってリロングウェに向かうと、その道中で船は一度、モザンビーク側の岸のすぐそばまで行ってしばらく止まりました。モザンビークへ行く乗客を降ろすためです。そして、乗客の一部が小さな船に乗り換えてモザンビークの地へと向かう様子を甲板の上から眺め、ああ、自分たちもいよいよ日本に帰るのだなあなどと考えながら、ぼくは、その小船と、その向こうに広がる大地にカメラを向けてシャッターを切ったのでした。その写真が、五年半の旅で撮った最後の一枚となりました。

今回、栗山さんのことを考えつつこのときのことを思い出したのですが、そのときふと、あることに気がつきました。

あのとき、あの国境の向こうには、栗山さんがいたはずなのです。栗山さんが暮らすニアッサ州は大きいものの、地図を見るとマラウイと接しています。彼女が暮らす町も、湖からそう遠くなかったかもしれません。あのとき、あの黄土色の大地の向こうで彼女はきっと、現地の人とともに自らの人生を歩き続けていたのです。そう気づくと一瞬、写真の中の人々がいまにも動き出さんばかりに生々しく迫ってくるように感じました。

あれから六年半——。

栗山さんがいまなおあの地に暮らしていることを思うと、なんとなく自分もあの旅の延長線上にいられるような気持ちになります。そしていま自分が求めているものが何なのか、少しずつ気づかされます。

一週間後にどこで何をしているのかすら未知だったあの日々をまた取り戻したい、あの一枚の続きをまた撮りたい。

さらに、こう思うのです。

もし、と考えるのはもうやめよう。自分が動けばいいだけなのだ、と。


（2015・4）

生きることの愛おしさ

三〇代最後の年であった二〇一五年は、本当に矢のように一瞬で過ぎ去り、いよいよ二〇一六年、四〇歳を迎える年になりました。一〇年前、中国で三〇代が始まったとき以上に、人生の節目がやってきたという気持ちをいま強く抱いています。

昨年のスピード感はかつてないほどのものだったけれど、それは決して、二〇一五年が特に早かったということではないのでしょう。

歳をとるほど早くなる。

だとすれば毎年、その年が最も早く過ぎ去るように感じるということです。二〇一六年はもっと早いし、二〇一七年はさらに早く過ぎるのでしょう。

『遊牧夫婦』の旅に出たのは早一三年近く前、二〇〇三年のことです。当時ぼくは二六歳で、妻のモトコは二七歳。日本を出るとき、予定していた三、四年という旅の期間は、ほとんど無限に近い時間のように思えました。もちろんいつか終わりがくるのは頭ではわかってはいたものの、それは極めて遠い先のことであり、考える必要のないことのように感じていました。ましてや四〇代になることなど全く現実味のない未来でした。

いや、そんなことはない、いつかこの旅も終わるし、人生にも終わりがくる。初めてそう実感として感じたのは、日本を出てから二年が過ぎた二〇〇五年、中国雲南省で大腸ポリープが見つかったときのことでした。「いずれがん化する可能性もある」。そう聞いたとき、自分の身体も徐々に朽ち衰え、いつか消滅するのだということをはっきりと自覚したのでした。二九歳、いまから一〇年前のことになります。そのときの気持ちを、ぼくは本の中で次のように書きました。

身体の中に手術で切除すべき異物があり、その延長線上にがんという存在があるのを知ったことは、少なからず自分の意識の中では、人生が、果てしなく無限に延びる直線ではなく、始まりと終わりのある有限な長さの線分として見えるようになる経験だった。

自分はいま、その線分の上を、絶え間なく終わりに向かって歩き続けている。すでにその何割かは歩き終えてしまい、後ろをいとおしく思い振り返ったとしても、決して戻ることはできない。ただひたすら前に向かって歩き続けるしかない。その「終わり」の端っこがいつ訪れるのかもまったくわからない。もしかするとその終点は想像以上にずっと遠くにあるのかもしれないし、逆に、もう目の前に迫っているのかもしれない。それは生きているからには誰にとっても公平に同じことだ。そしていつか必ず終点にたどりつくということもまた誰にとっても自明なのだ。

(『中国でお尻を手術。』16 滞在一年。中国での職探し)

がんという、どこか別世界の話であるように思っていた病気が、自分と結びつくものであることを知り、突然そんな思いを持ったのでした。しかしこう気づいたとき、だからといって決して後ろ向きな気持ちになったわけではありませんでした。右の文は次のように続きます。

しかしながら、その実感は、決して悲観的なものではなかった。時間が有限であり、人生がいつか終わる、ということを生々しい感触として気づいた瞬間、急に、いま生きている時間がとてもかけがえのない、素晴らしいものに思えてきた。身の回りの風景が急にその輪郭を強め、色合いも鮮やかに見えるようになった。まるでメガネを調整し直したあとのように風景の細部までが見て取れ、とれたての夏野菜のように、緑は濃く色を発し、赤はヴィヴィッドに浮かび上がってくるような気がした。

はっきりといつか終わりが来るからこそ、喜びがある。時間は有限だからこそ、この瞬間に力を込めて生きることができる。ぼくは、自分が心からそう思えるようになっているらしいことに気がついた。

（同）

本当にそのように思え、すがすがしい気持ちになったことを覚えています。その気持ちは、ぼくが長い旅の終盤に持つようになった感情ともよく似ています。旅は終わりがあるからいいのだ。無限に続くわけではなく、限られた時間の中の、二度と取り戻せない日々だからこそ感動がある――。

自分もいつか死ぬということを自覚したといっても、決してリアルに死と向き合ったわけではないからそんなことが言えるのかもしれません。それでも、自分にとってこの気づきは、それからの生活のあり方を少なからず変える、とても大きなものでした。その感触を肌にひしひしと感じながら、ぼくは三〇歳になったのでした。

三〇代は、上海での生活、ユーラシア大陸横断、そして帰国という変化に富んだ日々からスタートしました。旅が終わり、人生が新たなフェーズに入ると、今度は京都で、初めて地に足の着いた生活を営んでいくための試行錯誤の時期が続きました。その間に家族も増え、『遊牧夫婦』の時代は完全に過去となりました。

三〇代も残りわずかとなったここ数年は、家族のことでも自分のことでも、病気について考えざるを得ない機会が増えました。また、風邪を引いたら以前のようには治らないし、食べたものや運動の有無ではっきりと体調が左右されるのも感じるようになりました。人生が折り返し地点に差し掛かり、肉体的にも確実に終わりに向かって前進しているということを、さまざまな場面で突きつけられるのです。そして、月日の経過の体感速度が着実に上がる中で、五〇代の自分も六〇代の自分も、いまの自分自身と地続きに想像できるようになってきたし、自分が残りの人生でできることにも明らかに際限があることがわかってきました。

もちろん、もっと上の世代の人から見れば四〇歳なんてじつに若いのだろうとは思いますが、人生の後半戦に入るというのは、気持ち的にも肉体的にも大きな節目であることは間違いないように感じます。

生きられる時間が限られているという実感が強くなるほど、時間の経過が早く感じられるというのは、なんと無情なことだろう、とも思います。

しかしその一方で、いまとても強く思うのは、人生が早くなるほどに、一日一日が愛おしく感じられるということです。それは二九歳のとき、日々に対して感じるようになった、素晴らしいもの、という気持ちとは似ているようで異なります。素晴らしいかどうかという意識は薄れ、とにかく愛おしい、大切である、という思いが芽生えるようになっています。その違いを思うとき、それが一〇年という時間が経ったことの意味なのだろうと感じます。

生きることの愛おしさ。

この思いを出発点に、一日一日の手触りを確かめながら、これから始まる四〇代の日々を生きていきたいと思っています。

（2016・1）

紀行文3

荒野を、ヴェガスへ

二〇一四年一一月、写真家の吉田亮人さんと、アメリカ西海岸に行った。上海やドイツに行ったのと同じく、海外紀行文の仕事のためだ。今回の一番の目的地はロサンゼルスだったが、ぼくらは車を借りてロサンゼルスからラスベガスまで走ることにした。

ロサンゼルスからラスベガスへ向かう道は、かつての国道六六号線、いわゆる「ルート66」と一部重なる。それは、アメリカ西部の開拓のために一九二六年に開通した、シカゴ（アメリカ北部中央、五大湖の畔）とサンタモニカ（ロサンゼルス郊外）を結ぶ道だ。五〇年代にアメリカ全土において州間高速道路の建設が始まったことで、ルート66はその役割を終えて八五年に廃線になったが、アメリカ西部の発展に寄与し、文学や映画、音楽の題材となってきたこの道は、アメリカを語る上で外せない。

ここを走れば、アメリカの何かを感じられるかもしれない。そう考え、ぼくたちは、空港で借りた白いニッサン車でロサンゼルスから走り出した——。

＊

ロサンゼルスを出てすでに五時間が経っていたが、ぼくらはまだロス市内から一時間程度のところにいた。ロス郊外で入ったガソリンスタンドで、キーを中に残したままドアをロックし、四時間立ち往生してしまったからだ。ガソリンスタンドで道具を借りて自力で開けようとするもかなわない。仕方なくレンタカー会社に電話して救援を呼んでもらうことにしたけれど、それもなかなか来なかった。ようやく問題を解決できたのは夕方六時ごろになってからのことだった。

「今日はもうラスベガスまでは無理そうだな……」

そう言いながら、すでに真っ暗になった中、とりあえず少しでもラスベガスに近づこうとぼくらは再び走り出した。日本の高速道路に当たるフリーウェイは、片道五、六車線で頻繁に合流と分岐を繰り返す。オレンジ色の灯りの中、他の無数の車とともにひたすら走った。右側走行の運転にはすでにぼくも吉田さんも慣れていた。

いわゆるルート66にはどうやったら入れるのだろう。不覚にもほとんど何も調べていないままだったので、フリーウェイからどうやってその歴史的な通りを見つけられるのかがわからなかった。ルート66に行くためにはどこかでフリーウェイを降りなければならないはずだが、どこを出ればいいのか検討もつかない。しかも周囲は深い暗闇に包まれていて、どんなところを走っているのかもわからない。

あきらめるしかないかなと、ぼくは思った。もうこのままフリーウェイを突っ走ってラスベガスに向かうことになるのかもしれないなと。しかし、あるとき、前方に茶色の小さな看板が見えてきた。そこにはこう書かれていた。

"Historic Route 66 Next Exit" ―旧跡ルート66へは、次の出口―

そのサイン以外には何も詳細はわからないまま、急いで車線を右に移してフリーウェイを降りた。そしてそのまましばらく走ると、ここが確かにルート66であったことを示す石柱みたいなものが中央分離帯に立っていた。おお、これでいいんだ、と盛り上がる。ここを走っていけばきっとそれらしい風景になるのだろう。いつ、果てしない荒野が見えてくるのだろうか。二人でそれを期待ながら走り続けた。

しかし、行けども行けども風景は、これまで見てきたロス付近の国道沿いと変わらない。ファーストフード店などが道の両脇にただ無秩序に並ぶ、大雑把で投げやりな風景が延々続くだけだった。

「ルート66っていっても、いまはやっぱりこんな感じなのかな……」。

もうそろそろ、フリーウェイに戻ったほうがいいのだろうか。きっとこのまま進んでも何もないのだろう。カーナビでは、このまま東にルート66らしい道を進んでいくと、北東にあるラスベガスへ通じるフリーウェイからは離れるばかりのように見える。そして、二一時ぐらいになってからだろうか、通りがかった「バーガーキング」に吸い込まれるように入って夕食をとったあと、ぼくらはフリーウェイに戻ることにした。

もうあきらめるしかないのか、とも思った。しかしそれからしばらくフリーウェイを走ると、再び茶色い小さな看板が見えてきた。

"Historic Route 66 Old Town Victorville"

これだと思い、出口を降りた。そして交差点に出ると、ここここそが自分たちの来たかった場所であることがすぐにわかった。

道路の端にゴツゴツした岩肌が遠くまで広がっているのが、暗闇の中でもよく見えた。使われてなさそうな建物が複数あり、トレーラーを家のようにした、ひと気のないトレーラーハウスもいくつもあった。建物には、ときどき、Route66の文字が見える。空気は砂埃で白濁しているかのようでもある。場末感にあふれ、いかにもアメリカ映画の舞台のようなその光景に、吉田さんが言った。

「おお、まさにこれですよ！　映画で見ていたぼくのアメリカの雰囲気って」

ヴィクターヴィル。ぼくらはついに、ルート66の旧跡の町の一つに着いたのだ。

人の気配のほとんどない中、オレンジ色の街灯だけが闇を静かに照らし出す。ガソリンスタンドなど、いくつかの店が開いているだけで、人々がどうやって暮らしているのか、すぐにはわかりにくい光景だった。

とにかく今日は休もうと、宿を探して適当に大きな道を走ってみた。すると一軒のモーテルが見つかった。こぎれいだったがアメリカらしい寂しげな雰囲気。VACANCY（空室あり）という赤い電飾文字が心許なげに光っていた。

駐車場に車を泊めてレセプションを見ると、客らしきアジア系の老婦人が遠い目をしてじっとこちらを見つめている。どこかうつろで不思議な視線だった。その女性の脇を通り、静かに「ハイ」と挨拶をして中に入ると、ヒスパニック系の夫婦が迎えてくれ、無事に部屋を確保できた。

書類にサインをしていると、隣では先のアジア系の女性が、外にいる夫らしい西洋人男性に向かって怒鳴っている。すると驚いたことに、女性はにわかに日本語で声を荒げた。その声にぼくは思わず振り返った。どうしてこんな場所に、七〇代ぐらいの日本人らしき女性がいるのだろうか。そしてぼくはつい、「日本の方ですか？」と聞いてしまった。すると彼女は、不快そうな顔つきで眉間にしわをよせてぼくを見ながら日本語で言った。

「え？　何？　あなたがお迎えに来てくれた方？」

意味は理解できなかった。ただ彼女は、ぼくが日本語を話していることには一切興味はなさそうだった。いずれにしても、話しかけるべき状況でなかったことは確かだった。

「いや、すみません、違います」と言い、それだけで会話を終え、ぼくらはレセプションを後にした。

車から荷物を出し、二階の部屋に運んでいると、その日系の女性と白人男性が駐車場で「うるさい！」「ＦＵＣＫ！」と両言語で罵り合う声が聞こえてくる。周囲は暗くてはっきりとは見えないものの、ゴーストタウンのように荒涼として真っ暗な景色の中に、昔ながらの電飾の文字がいくつも浮かぶ。そして二人の声が響き続ける。そのすべてが、この町の寂寥感を色濃く感じさせるのだった。

ロサンゼルスとは全く違う世界がここにはあった。アメリカ西部がまだ未開の地であったころとおそらくそう変わらない風景が、そのままここには残っていた。

来るべき場所にたどり着いた。そう思い、部屋のドアを開けて、ソファに荷物を投げ出した。赤いカバーがかかったこぎれいなベッドの上には木の台が置かれ、その上に聖書が開かれている。その聖書を手にとって薄い紙の感触を手に感じたあと、ぼくは身体をベッドに横たえた。テレビをつけると、アメリカンアイドルというのだろうか、オーディション番組が賑やかな音を立てている。

広い荒野の中にいま自分はいる。そのことが嬉しかった。明日の朝、外にはどんな景色が見えるのだろうか。想像を膨らませながら、ぼくはテレビをしばらく眺めた。

寝たのは二時ごろだったが、翌朝六時半ごろには眼が覚めた。寒くて起きてしまったのだ。若干体調がよくない気もして、風邪をひいてしまったかなと思いながらベッドの中でうとうとしていると、外から、長く、細い音が聞こえてくる。

「ボー！　ボー！　ボーーー！　ダダンダダン、ダダンダダン……」

そばを列車が走っているのだ。とても長い貨物列車のようだった。音がいつまでも途切れない。その音を聞きながら、昨日は真っ暗で見ることができなかった外の風景を想像し、またしばらくベッドの中で寝たり起きたりを繰り返した。そしてそれから一時間ほどしていよいよ起き上がったあと、部屋のドアを開けてみた。

ドアを開けるとすぐ外で、目の前に大きな駐車場がある。その向こうには、ヤシの木が並ぶ大通り。そして通りの逆側には、雲一つない青空の下、黄土色や薄茶色のザラザラした表面の山が延々と連なっていた。映画『パリ・テキサス』や小説『オン・ザ・ロード』

の世界のような、荒涼としたアメリカそのものの風景が、視界の果てまで続いていた。

その景色を、しばらくじっと眺めていると、また列車の音が聞こえてくる。「ボー！ボー！ダダンダダン、ダダンダダン……」。音はしばらく響き続けた。


準備をして部屋を出て、吉田さんとともに車に乗り込む。比較的大きな通り沿いにある駅らしき建物に入ってみると、すぐ向こうに線路が走っている。何人かが立っているので、見ると、そこはグレイハウンドという長距離バスの乗り場だった。グレイハウンドもまた、アメリカを語るときに欠かせない、長距離の旅の代表的な交通手段だ。

建物の前を歩いていると、カメラを持っているぼくらを見て、四〇代ぐらいの中肉中背の男性が、おちゃらけたポーズで近寄ってきた。着古した黒いロック系のスウェットとカーゴパンツ、そしてキャップ。ラフな格好のその男は、片手を顔の横に上げて、「撮ってくれよ」と笑いながら言った。グレイハウンドを待っているらしいので、どこに行くのかと尋ねると、彼は低くつぶれた声でこう答えた。

「ヴェガスだよ」

強い響きが突き刺さった。

砂漠の町からグレイハウンドで「ヴェガス」を目指す。それは典型的な小説の世界のようにぼくには聞こえた。きっと地元の人間が何らかの用事があってラスベガスに行くのだろう。そう思い、ぼくは率直に、この町を見ての自分の感慨のようなものを彼に伝えた。

「この町にはとても雰囲気があるよね。すごいアメリカっぽいなって感じてるよ」

すると彼は、顔をしかめて苦笑しながらこう言った。

「おい、本気かよ？　この町はオワってるじゃねえか」

そして、続けた。

「全くひどい町だ。やることなんて何もねえよ。おれはもともとヴェガスの人間だ。仕事をしにこの町に来て一年住んだけど、暇で仕方なくて、もういやなんだ。だから今日、ヴェガスに戻るんだ。ここにはもういたくねえよ」

仕事は何をしているのかと聞くと、彼は、いや、何ってことはないんだ、と口ごもった。そしてこう続けた。背中を怪我してからは社会保障をもらって暮らしてるんだ。ヴェガスで何をするかなんて決まってないし、これから先のことなんてわからない、と。

ただとにかく、おれはこの町から出たい。ヴェガスに帰りたいんだ。そんな気持ちが一言ひとことに込められていた。

退屈な町を離れ、新たな生活を求めてグレイハウンドで都市を目指す。これまで何人ものアメリカ人が同じ理由で同じように、この町を離れていったのかもしれない。五〇年代にアメリカ全土に州間高速道路の建設が始まると、ルート66は徐々にその役割を終えていったが、ヴィクターヴィルは、新たに州間高速道路15号が通ることによってその後も規模は大きくなった。ここは決して、ただガソリンスタンドだけがある補給地のような町ではないらしい。しかし、周囲に延々広がる薄茶色の景色を見ていると、男がそう言う気持ちは想像できた。いや、あるいは、これと言って特徴のなさそうな成長を続けたことで、逆に退屈な町になっていったのかもしれない。

一方、ヴィクターヴィルから三〇〇キロほど北東に位置するラスベガスは、産業のなかったネバダ州の政策によって発展してきた都市である。一九二九年からアメリカを襲った大恐慌のとき、税収を増やすために賭博を合法化したことで一気に成長していった。何もない砂漠の中で、巨額の金と人間の欲望を吸い上げることで肥大化していったその巨大な人工世界は、周辺の荒涼とした地で生きる人々の夢を託される存在でもあったのだろう。

その「ヴェガス」へ、まさにいま向かおうとしている男の話を聞きながら、ぼくはふと、二日前にロサンゼルスのヴェニスビーチの桟橋で出会った一人の釣り人を思い出した。

それはちょうど日が沈む夕方の時間のことだった。桟橋の向こうに広がる海は、夕日がとても幻想的な風景を作っていた。空から水平線に向かって、青から赤の繊細なグラデーションが真っ黒な水面を覆っている。その上には、全体の輪郭をうっすら残す三日月が、白く静かに輝いている。その月の光に導かれるように桟橋を海の方へと歩いていくと、その突端に、グレーの髪の毛のヒスパニック系の男性がいた。ふと気になり、釣竿をセットする彼の隣に立って桟橋のふちにもたれながら話しかけた。

「釣れる?」

すると男性は、「いや、いまはじめたところなんだ」と、作業をしながら気さくな様子で答えてくれた。そして彼がえさの準備をするのを見ながら、さらに話を聞いていった。

週二回はここにきて釣りをしているんだ。サバがたくさん釣れる、でも釣っても誰かにあげるかまた海に戻すよ。楽しみのためにやっているだけだから。ヒラメだけは持ちかえってバターで焼いて食べるけどな。本当にうまいんだ。釣竿を海に投げて、その様子を見ながらビール二本を数時間かけてゆっくり飲む。それがいまの自分の楽しみなんだ。ビールがなくなったら帰る。それだけだよ。

LA育ちの五三歳。すでに退職して仕事はしていないという。もとはトラックの運転手だったが、二〇〇〇年に怪我をして車が運転できなくなったので、いまは社会保障で暮らしてる。運転で事故に遭ったのかと聞くと、そうじゃないと彼は言った。

「刺されたんだ。強盗に襲われてよ。それでおれは運転ができなくなってしまったんだ」

そう言って、シャツをまくり上げて、わき腹の傷あとを見せてくれた。胸の下の前から後ろにかけて、水平方向に一〇センチ以上はある太い線が、くっきりと刻まれていた。

あの日で、おれの人生は変わった。でも、そんなことはもう昔の話だよ。人生はそんなもんさ。いまが楽しいから、それでいいんだ。楽しそうに釣りをする彼の表情は、そう語っているようにもぼくには見えた。

物価の高いロスでの生活は大変じゃないのか、と聞くと、彼は言った。ロサンゼルスは安く暮らしていける方法がいろいろある。だから大丈夫なんだ、と。

「おれはこの町が好きだよ。ずっとこの町で育ったんだから当然だよ」

そしてそれからしばらくあれこれ話したあとのこと。ふと彼は「ヴェガス」という言葉を口にした。

「来月はヴェガスに行くよ。娘と孫たちが住んでるからさ。そのために、今週から一つ新しい仕事を始めることになってるんだ。クリスマスまでは仕事がいっぱいある。そしてクリスマスは家族でヴェガスで過ごすんだ……」

その言葉を聞いて、ぼくは言った。明日からラスベガスに行く予定なのだ、と。すると、それまで海に目を向けて作業をしながら話していた彼が、驚いた顔でこちらを向いた。

「明日、ヴェガスに行くのか？　本当か？　そうなのか……」

その少し寂しげな声に、いますぐにでもおれも行きたい、でも行けない……そんな気持ちが見え隠れした。

ヴィクターヴィルでグレイハウンドを待つ男性と話しながら、ぼくはこの釣り人を思い出した。彼がいまにでも行きたがっていたラスベガスに、自分たちは今日着くのだ、と。

一〇分ほどするとグレイハウンドがやってきた。青く大きなそのバスには大勢が乗っていて、すぐそばを通る線路上には、列車が、一〇〇個以上はあるだろうコンテナを引いて、ダダンダダン、ダダンダダン、ダダンダダン……と延々に音を立て続けながら通り過ぎる。その光景を目に焼き付けて、ぼくらもこの町を後にした。

ラスベガスへの道は、ますます砂漠の中のようになっていく。砂地の上には強靭な灌木だけが連綿と生え、遠くには木の一本も見えない茶色い山が連なっている。ときどき遠くには、長い列車が見えてくる。あれはさっきヴィクターヴィルで眺めていた列車かもしれない。そう思いながら、茶色い山陰に消えていくその長い車列を見送った。

荒漠たる風景の中を走り続けていくほどに、生きるものを拒絶するようなこの土地に、滑らかに舗装された真っ直ぐな道が続いているのがとても不思議に思えてきた。一九世紀、ゴールドラッシュのころに東部から西部を目指した人たちは、おそらく何も道らしきものもないところを、何週間も何カ月もかけて移動してきたのだろう。一九二〇年代にルート66が開通してアメリカの東西が「道路」で結ばれたことがどうしてそれほど衝撃的な出来事だったのか、ルート66がアメリカにとってどうしてそれほど重要なのか、この荒野の中を走るほどにわかるような気がしてくる。

前方をずっと眺めていると、真っ青だった空は、日が沈むとともに不思議な色に染まってきた。地平線沿いに、虹のような色の層が見えてきたのだ。空から地面に向かって青、黄、赤、紫、そして緑。緑色は空なのか、それとも向こうに草原が広がっているのか一瞬わからなくなるほどだった。でもそれは、確かに空の色だった。茶色しかない陸地の上に、自然が豊かな色を輝かせていた。

「こんな風景、これまで見たことない気がします……」

吉田さんは何度もそう言い、ぼくもまた、同じことを繰り返した。

夕日の色に驚いてから数十分が経ったころ、ネバダ州へと州境を越えた。徐々に巨大な人工世界が近づいてくるのが感じられた。車が増え、大きな建造物がポツポツと増えていく。そろそろかな、と考えていると、砂漠の中の地平線上の遠い向こうに、無数の白い光が見えてきた。

気がつくと目の前は赤いテールランプに満ちている。自分たちもその渋滞の中にいた。そして、空が青から深い濃紺に変わったころ、ぼくらは煌びやかなネオンライトの中にいた。ラスベガスに、着いたのだ。

砂漠の中のオアシスのようなこの巨大な都市は、周囲の荒涼とした風景とのギャップのせいか、または派手さの中に古めかしさが漂う独特のネオンのせいか、どこか異次元な雰囲気があった。

グレイハウンドを待っていた男性も、いまごろここにいるのだろうか。ロサンゼルスの釣り人は、今日もあの桟橋で、ラスベガスのことを思いながら、ビールを飲んでいるのかもしれない。

気づけばぼくも吉田さんも、不思議な興奮に包まれていた。さあ、この「ヴェガス」で何をしようか――。何が待っているのかわからない空気の中、まだ見ぬ未来を探るように、ぼくらは、ギラギラと輝く建物の中へと入っていった。

（2014・12）

おわりに

本書の執筆が決まり、過去の連載を読み直し始めたのは、二〇二〇年三月上旬のことでした。

それはちょうど、新型コロナウィルスが、中国、韓国、そしてイタリアで猛威を振るうようになり、世界中が未知の不安に包まれていきつつあった時期です。日本でも学校の休校要請が出たり、各種イベントが中止になったりと、誰もが生活を変えることを余儀なくされていきました。自分の身の回りでは、子どもたちの学校が休校になり、妻はテレワークの日々が始まり、ぼくは、さまざまな仕事が止まってしまうといった変化が起きました。これまで当たり前にできた多くのことが、あっという間に、簡単にはできないこととなっていく日々でした。

そのような、過去に経験したことのない状況の中で、旅をテーマにこれまで自分が書いてきた文章を読み返すと、自由に旅ができるということがいかに貴重かを改めて痛感させられました。

異国に行き、かつて見たことのなかった景色の前に立ってみる。これまで全く異なる環境で生きてきた人と出会い、言葉を交わし、互いに影響を与え合う。なじみのない文化や考え方に触れ、自分の常識を問い直す……。

自分のこれまでの人生を振り返ると、旅を通じてのそうした経験が、現在の自分自身の重要な部分を形作っていることに気づかされます。そしてそれはきっと、旅をする多くの人に、少なからず共通することなのだろうと思います。

本文でも少し触れたように、ぼくは二〇一二年より毎年、京都の大学で、旅が人生にどのような意味を持つか、という内容の講義をしています。毎回、テーマを一つ設定し、関連するドキュメンタリー映画などの映像作品を一部見てもらうとともに、自分の経験や考えを話し、各人にそのテーマについて考えてもらうという講義です。

とりあげるテーマの多くは、旅を起点としながらも、人の生き方に通じるものです。生きる道をどう選択していくか、働くとはどういうことか、死をどう捉えるか……。いずれも答えのない問いであり、自分はただ、自らの経験から思うところを語ることしかできませんが、講義をするたびに、旅について話すことは、結局は生きることそのものを話すことなのだと実感します。そしてそれは、この本を書きながらも、感じ続けたことでした。

旅に関する講義というのがおそらく他になく、とっつきやすく見えるのも関係していると思いますが、講義は、毎年、多くの学生が履修してくれ、それなりに何かを感じてもらえるものになっている感触があります。また、自分にとっても、学生たちと直接やりとりができる機会は貴重で、さまざまな刺激をもらえる楽しみな仕事になっています。

ところが今年は、新型コロナウィルスの影響で、講義を通常通りに実施することが難しくなりました。そしてぼくの講義は、毎回自分で録画した動画をYouTubeにアップして各自見てもらうという形式をとることになり、内容も一部変更せざるを得ませんでした。また、学生の姿が見えない中、一人自宅でパソコンに向かって話すというのも初めてで、うまく講義できるかわからず、どれだけ伝わるのかを心配しつつのスタートとなったのでした。

しかし、一回一回手探りの中で作った動画に対して学生たちから届く感想を読んでいくと、想像以上に多くの学生が、講義の内容をしっかりと受け止めてくれていることが感じられました。

「いままで旅らしいことをしたことはなかったけれど、コロナが落ち着いたら旅に出て、多くの経験をしてみたい」

「なんとなく大学に入って、就職活動をして会社に入ることが当たり前だと思っていたけれど、生き方はもっとそれぞれ違っていいいんだと思えた」

「コロナで留学が立ち消えになって、あきらめかけていたけれど、やはり何とかして、学生時代に行きたいと思い直している」

「やろうと思っていることを、ただ思うだけにせず、いまできることから思い切って一歩踏み出してみたい」

そのような言葉が、毎回、各人の状況とともにさまざまな形で書かれていました。そしてその中には、対面で講義を行っている例年以上に、切実さや強い思いが伝わってくる感想が多くあったように感じました。

それは、いま、旅をするということがかつてないほど遠くなってしまったことによって、いつも以上に旅の持つ意味が鮮明になっているゆえのように思いました。ある意味コロナ禍のいまは、旅をするとはどういうことかを考えるのにいい機会なのかもしれないと、ぼくは学生たちの言葉を通じて思うようになりました。

この「おわりに」を書いているのは、九月に入ったころですが、いまなお、旅をすることや海外に行くことは、おそらくほとんどの人にとって、遠いままであるでしょう。いつまた、自由に旅ができるようになるのかはわかりません。そうした中で、旅に関連した自分の経験や思いを綴るこの本がどんな役割を果たせるのだろうかとも考えてきましたが、このような時だからこそより伝わることがあるのかもしれないと、いま改めて感じています。

いますぐに旅をするということが難しくなっているのは残念ですが、旅が私たちに与えてくれるものはおそらくいつの時代も変わりません。旅をしたいと望む人たちが自由に旅に出られる日が早く来てほしいと思うとともに、この本が、旅が持つ普遍的な何かを、自分なりの形で伝えられるものになっていればと願っています。

「はじめに」にも記した通り、本書のもととなった連載「遊牧夫婦こぼれ話。」は、『遊牧夫婦』シリーズ最終巻『終わりなき旅の終わり　さらば、遊牧夫婦』を刊行した翌年の二〇一四年に、同シリーズの出版元であるミシマ社のウェブ雑誌上で始まりました。

当初、本に収めきれなかった旅中のさまざまなエピソードをウェブ上で読めるようにしたいという気持ちだった自分に対し、ただ過去の話を書くのではなく、旅から帰ってきた後に感じ考えてきたことを含む新しい原稿を書いてほしいと、連載の大きな方向性を示してくださったのは、同社の三島邦弘さんでした。そのご提案によって、自分の中で旅について新たに考え直すことができ、書くたびに、自分自身にとっても発見のある文章が生まれていくことになりました。そして連載を担当してくださった同社の新居未希さんが毎回、柔らかくも核心を突く素敵なタイトルをつけてくださることで、文章に新たな命が吹き込まれていきました。それらのタイトルは、ほとんどそのまま、この書籍でも使わせていただきました。

お二人に、この場を借りて改めて感謝申し上げます。

また、そのようにできていった原稿を、こうして新たな形で世に出すことができたのは、産業編集センターの佐々木勇志さんが、本書の刊行を企画してくださったゆえでした。一つひとつ大切だった文章を、一冊の本にまとめる機会を与えていただいたことは、願ってもいないことでした。

ありがとうございました。

最後に、本文の内容について一点だけ補足を加えさせてください。

海外へ移住する可能性を探るために二〇一八年四月に一週間ほどニュージーランドへ行く、という話を書きました。その後どうなったかについて、本文中では触れることができませんでしたが、結局いまも、動くことはできていないまま、京都で生活しています。現地に実際に行ってみたことで、移住するイメージは具体的になったものの、複数の問題がよりはっきりと見えるようになり、そこで止まってしまっているという状況です。ただ、乗り越えなければならない問題があるにしても、何も動けていないのは、自分たちに現状、それだけの気持ちがないということなのだろうと思います。

しかしそれは逆に言えば、やろうという気持ちさえ持てれば、これからもまだ、新たな人生が切り開けるということでもあるはずです。自分が何を望むかで、人生はどこまでも未知で、無限の可能性に満ちたものであり続ける――。そう信じて、これからも新たな旅をし続けていきたいと思っています。

本書を読んでくださった皆様に心より御礼申し上げます。
これからも、どうかよい日々を、よい旅を！

二〇二〇年九月　近藤雄生

近藤雄生（こんどう・ゆうき）

1976年東京都生まれ。東京大学工学部卒業、同大学院修了。2003年、旅をしながら文章を書いていこうと、結婚直後に妻とともに日本を発つ。オーストラリア、東南アジア、中国、ユーラシア大陸で、約5年半の間、旅・定住を繰り返しながら月刊誌や週刊誌にルポルタージュなどを寄稿。2008年に帰国。大谷大学／京都芸術大学非常勤講師、理系ライター集団「チーム・パスカル」メンバー。主な著書に『遊牧夫婦』（ミシマ社／角川文庫）、『旅に出よう　世界にはいろんな生き方があふれている』（岩波ジュニア新書）、『吃音 伝えられないもどかしさ』（新潮社）などがある。

わたしの旅ブックス

025

まだ見ぬあの地へ
旅すること、書くこと、生きること

2020年10月29日　第1刷発行

著者――近藤雄生

ブックデザイン――マツダオフィス
DTP――角 知洋_sakana studio
編集――佐々木勇志（産業編集センター）

発行所――株式会社産業編集センター
〒112-0011
東京都文京区千石4-39-17
TEL 03-5395-6133　FAX 03-5395-5320
http://www.shc.co.jp/book

印刷・製本――株式会社シナノパブリッシングプレス

ISBN978-4-86311-275-9